책세상문고 · 우리시대

한국 자유주의의 기원

책세상문고 · 우리시대

한국
자유주의의
기원

이나미

책세상

책세상문고 우리시대 시리즈에 책을 내기로 결정하고 각 권을 자세히 살펴보니 유난히 눈에 띄는 것이 있었다. 우선 저자 소개가 그랬다. 이는 책 날개에 씌어 있는데, 그 내용이 매우 구체적이고 길어서 마치 몸집이 작은 새가 걸맞지 않게 큰 날개를 갖고 있다는 인상을 받았다. 그러나 권위나 근엄함이라고는 거의 찾아볼 수 없는 자연스럽고 소박한 저자의 사진(개정판에는 없음)과 시시콜콜한 개인사가 책에 대한 흥미를 불러일으킨다는 사실을 깨달았다. 또한 책 전체 분량에 비해 비교적 많은 부분을 차지하고 있는 '책을 쓰게 된 동기'도 마찬가지 효과를 주고 있다고 느꼈다.

그러던 중 2001년 9월 23일자 〈한겨레〉에서 '객관성의 가면을 벗어라'라는 제목의 기사를 읽게 되었다. 기사의 요지는, 학자들이 과학적이라고 믿는 객관성을 위해 자신의 모습을 항상 숨겨왔는데 객관성이란 것은 신화에 지나지 않는다는 것, 역사가는 자신의 시대에 영향을 받아 편향된 호기심을 갖게 되며 자기 세대의 문화에 의존해 과거를 이해한다는 사실을 인정해야 한다는 것이었다. 즉 자신이 어떤 선입견과 편견에서 출발했는지 솔직히 고백해야 하는데, 그것이야말로 주관성 배제의 의무를 한층 단호하게 확인시켜준다는 것이다. 이 기사를 읽으면서 우리시대 시리즈의 '큰 날개'에 대해 '아… 그래서였구나'라는 뒤늦은 깨달음이 왔다. 그래서 그 글의 주장대로, 그동안 일인칭 서술을 회피해야 한다는 학계의 금기를 깨고, 아직 익숙하지 않은 탓에 낯뜨거움을 무릅쓰며, 이 책을 쓰는 나의 동기를 말한다.

나는… 한국 자유주의 및 자유주의 일반을 비판하기 위해 이 책을 쓴다.

이렇게 밝힌 집필 목적은 혹여 내가 자유를 혐오하고 노예적 삶을 좋아할 것이라는 오해를 불러일으킬지도 모르겠다. 그러나 나는 영화 〈브레이브 하트〉의 멜 깁슨처럼 "프리덤freedom!"을 외치면서 죽지는 못할지언정 나의 소박한 '자유'를 무척이나 소중하게 생각하는 사람이다. 하지만 나는 지금도 그 영화의 마지막 장면에서 주인공이 "자유!"를 외칠 때 느꼈던 당혹감을 잊을 수 없다. 주인공은 단지 자신의 생존과 보복을 위해 치열하게 살았고 그 결과 장렬한 죽음을 맞이하게 되는데, 그 순간 그토록 추상적이고 '감'이 안 잡히는 '자유'를 외치고 죽다니…. 엄청나게 당혹스럽고 엄청나게 '닭살 돋는' 순간이었다. 그것은 할리우드 영화의 탐욕만큼 가증스러운 것이었다. 엄청난 상업적 재미를 제공하고도 거기다 어떤 감동까지 주고 싶은 '과욕'에, 어울리지 않는 '신념'을 갖다 붙여 스토리를 망쳐버린 매우 괴이한 조화였던 것이다. 그런가 하면 할리우드의 또 다른 영화 〈글래디에이터〉는 그것의 반대 방향, 즉 '신념'에서 '생존'으로 나아간 영화로 보였다. 그 영화의 주인공은 '로마의 영광'을 위해 전사로 죽는 것이야말로 명예로운 일이라고 생각하다가 온갖 고난을 겪은 끝에야 그것이 '로마 시민의 오락'을 위해 검투사로 비참하게 죽는 것과 똑같은 일이라는 각성을 한다. 그러고는 오로지 살아남기 위해 싸운다.

　두 영화 모두 '자유주의'를 다룬다. 그런데 후자가 자유주의에 대한 각성이라면 전자는 착각이다. 후자는 공동체, 사회, 정의의 이름으로 불리는 것이 사실은 또 다른 누군가의 쾌락과 이익에 불과하다는 것을 암시한다. 실제로 많은 권력자와 정부가 공익과 정의의 이름으로 사익을 추구하고 있다. 자유주의 논의는 이것에 대한 비판이라고 할 수 있다. 자유주의 2세대라 할 수 있는 공리주의자 제레미 벤담Jeremy Bentham의 사상, 즉 쾌락 추구와 고통 회피가 모든 규범과 도덕의 기초라고 하는 명제, 존재하지도 않는 사회의 이름으로 개인의 자유를 억압하지 말라고 하는 신자유주의자 로버트 노직Robert Nozick의 주장, 그리고 최근의, 거대 담론을 부정하는 포스트모던적 자유주의와 아나키즘 등이 이러한 사고를 보여준다. 그러나 정의와 공익 자체가 존재하지 않는 것은 아니다. 그리고 공익 자체를 부인할 때 사익을 추구하는 권력을 비판할 근거는 사라진다. 공익이 부재할 때 누구든지 사익을 추구할 수밖에 없으며 또 그래야만 하기 때문이다.

〈브레이브 하트〉의 주인공은 사실 자신을 위해 싸웠음에도 불구하고 마치 숭고한 가치를 추구하는 것으로 착각하고 있다. 이는 더욱 오래된 자유주의 사상을 연상시킨다. 토마스 홉스Thomas Hobbes는 각 개인은 살고자 하는 욕망, 즉 자기보존의 욕구를 가진다는 것을 깨달았다. 바로 그 '욕구'에서 인간은 '살 권리', 즉 자연권을 갖는다는 '규범'을 홉스는 이끌어냈다. 이는 인간은 권리를 갖는다는 보편 규범이 없이는 인간의 생존은 위협받을 수밖에 없다는 각성일 수도 있다.

그런데 최근에 우리는 홉스적 각성이 아닌 멜 깁슨적 착각을 많이 목격했다. 의사들이 머리에 빨간 띠를 두르고 집회를 하고, 보수 언론이 '탄압'에 저항하여 '언론의 자유'를 외쳤다. 도대체 그들이 말하는 '자유'란 무엇인가? 그리고 진정으로 자유가 억압당한 시절에 그들은 도대체 어디에 있었는가? 이 글은 바로 그들이 말하는 자유가 무엇인지를 알고 싶다는 동기에서 출발한다. 그리하여 구체적으로 우리 사회의 역사 속에 존재하는 자유주의는 무엇인가를 보고 싶다.

현재 우리 사회에서는 보수주의자들이 자유를 외치고 있다. 언론의 자유를 외치는 보수 언론, 자유민주 사회를 수호해야 한다고 주장하는 보수적 정치가들이 그 예이다. 이들이 외치는 자유는 기득권을 지키고자 하는 자유이므로 보수주의라는 다른 이름으로 불릴 수 있다. 실제로 신자유주의는 종종 신보수주의와 동일시되며 그 둘의 차이를 구별하기는 어렵다. 어떻게 보면 우리 역사 속에서 자유를 강조하는 사람들은 늘 보수주의자였다. 그렇다면 그들이 말하는 자유는 무엇인가? 보수주의자와 자유는 어떤 관계인가? 혹시 자유 또는 자유주의가 본질적으로 보수적일 가능성은 없는가? 어찌 됐든 자유 또는 자유주의의 내용 중에 분명 그들 보수주의의 이익에 기여하는 내용이 있기 때문에 그들은 그것을 주장할 것이다. 그렇다면 그 내용은 무엇인가?

그들이 말하는 자유의 내용이 타당한가를 따지기에 앞서 우선, 그들 보수주의자들의 '존재'는 과연 타당한가라는 질문을 하고 싶다. 그들은 안정된 사회를 위해 꼭 필요한 존재인가? 최근 보수주의는 일부 진보적인 인사들조차 건전한 사회를 유지하기 위해 꼭 필요한 것이라 한다. 그것은 소위 '진보-보수 양날개론'인데, 실제로 보수가 진보와 같은 비중을 갖는 하나의 날개인지는 의문이 든다. 날개는 날자고 있는 건데, 보수가 과연 날자고 하는 사상인가?

보수주의는 존재해야 하는 것이 아니라 그냥 존재하는 것이다. 보수주의는, 어느 문인에 의해 아주 적절히 지적된 바와 같이, '이념'이 아니라 '욕망'이다. 즉 사회를 굳건히 떠받치기 위해 '존재해야 하는' 필수적인 신념이 아니라 '그냥 존재하는' 욕망이다. 자신을 보수주의자라고 자처하는 많은 정치가들이 이 당, 저 당, 자신이 내세우는 신념과 관계 없이 집권당이라는 이유로, 또 자신의 이익에 부합하는 당이라는 이유로 쉽게 야합하는 경우를 많이 본다. 그 정치가들은 자신들을 주로 보수주의자라고 부르는데 매우 정확한 표현이라고 생각한다. 보수주의자의 신념 아닌 신념은 단지 자신의 기득권과 안락함을 잃고 싶지 않은 욕망이 내용의 전부라고 할 수 있다.

보수주의는 욕망이므로 우리 모두는 그것을 갖고 있다. 우리 모두 아침에 잠자리에서 일어나기 싫다. 그냥 이대로 누워 있고 싶다. 그것이 편하기 때문이다. 그것은 우리의 욕망이다. 그러나 우리는 일어나야 하고 공부하고 일해야 한다.

즉 변화해야 한다. 보수가 욕망이라면 변화는 고통이다. 어린 새는 별로 날고 싶지 않을 것이다. 그냥 어미 새가 물어다 주는 먹이만 받아 먹으며 한평생 지내고 싶을 것이다. 그러나 어린 새는 어미 새에 떠밀려 날게 된다. 보수주의는 날고 싶지 않은 어린 새의 마음이다. 날개는 변화와 진보를 이루기 위한 힘이다. 어린 새가 날지 않으면 날개가 퇴보하듯이 보수는 정체로 끝나는 것이 아니라 곧 퇴보로 이어진다. 그러므로 보수는 존재해야 하는 것이 아니라, 싫든 좋든 존재하는 것이며 따라서 '극복'되어야만 하는 것이다.

또 어떤 이는 진보-보수의 존재를 인간 신체의 교감-부교감 신경에 비유해 설명하기도 한다. 즉 한 쪽이 무엇인가를 하려고 하면 다른 한 쪽은 그것을 억제하는 기능을 하고 그래야 하나의 개체가 안정적일 수 있다는 것이다. 마찬가지로 사회 역시 진보하려는 세력과 그것을 억제하려는 세력이 함께 있어야 안정적이라는 것이다. 그러나 이 같은 생물학적 환원론, 유기체적 조화와 질서를 강조하는 것 자체가 보수주의의 주 내용이다. 그리고 교감-부교감 신경은 그야말로 신경일 뿐이지 인간 이성이 아니다. 즉 그것은 의식과 관계 없이 자동적으로 작동하는 것으로, 최근 컴퓨터에도 연결할 수 있다는 달팽이의 신경과 같은, 생물과 무생물의 영역마저도 불분명하게 하는 인간 의식 밖의 영역이다. 그러나 진보-보수는 분명 인간의 의식과 욕망의 문제이다. 인간 의식을 생물학적으로 환원해서 설명하면 살겠다는 의지만 갖고 있는 아메바와 같은 홉스식의 기계론적 인간론이 탄생하는 것이다. 실제로 자유주의의 인간관은 이렇듯 단순화된, 동물적이고——고등 동물은 아니다. 왜냐하면 우리는 종종 고등 동물에게서 도덕성을 발견할 수 있기 때문이다——기계적인 인간이다. 각 개인은 합리적 계산자로서 자동적으로 쾌락을 좇고 고통을 피하려 한다. 자유주의가 '자생적 질서'를 강조하면서 동물 연구를 많이 하고, 사회진화론적 사고를 갖게 되는 것은 어쩌면 필연적이다.

자생적 질서의 강조는 법치의 강조로 나아가게 된다. 자유주의자들이 말하는 법은 사회를 유지시키기 위한 최소한의 준칙으로 자생적 질서를 해치지 않는 선에서의 법이다. 그들이 법과 제도를 통해 견제하고자 하는 것은, 과거에는 왕권이었고 오늘날에는 민주주의이다. 절대적 왕권은 부르주아의 생명과 재산을 침해할 수 있으며 민중의 권력인 민주주의 역시 법을 초월하려는 경향을 갖는다. 민중의 강한 권력은 기존의 법을 바꿀 수 있기 때문이다. 실제로 자유주의 사회철학자 프리드리히 하이에크Friedrich August von Hayek는 자생적 질서에서 파생되는 법치에 의해 사회가 지배되어야 한다고 주장하면서 민주주의는 이를 파괴할 수 있다고 하여 반대했다.1 민주주의는 이렇듯 법 위에 존재하는 것이다. 보수주의자들이 법과 질서를 강조하는 이유는 바로 여기에 있다.

그러나 법이 다수의 국민을 견제하기 위한 것이라면 그 법은 과연 누구를 위해 있는 것인가?

그러므로 보수주의는 결코 날개가 아니다. 그렇다면 균형을 위해 진보라는 날개와 함께 어떤 날개가 필요한가? 아마도 그것은 '성찰'이라는 날개가 아닐까? 성찰은 진보를 막는 것이 아니라 그것이 완성되도록 돕는다. 성찰은 진보가 지금보다 더 나은 현실을 가져오도록 과거를 반성하고 현재에 대해 숙고하며 미래의 부작용에 대비하게 한다. 그런데 보수주의와 자유주의는 성찰하지 않는다. 그래서 나는 이 글이 자유주의에 대한 하나의 성찰이 되길 바란다.

구체적으로는 한국 자유주의를 비판적으로 살펴보고자 하며 특히 이 책에서는 그 기원과 내용을 다룰 것이다. 한국 자유주의의 기원에 대한 논의를 〈독립신문〉에서 시작하는 이유는 이전 시대의 사상이라 할 수 있는 유교에서는 자유주의적 성격을 찾아보기 어렵기 때문이다. 자유주의는 개화파에 의해 비로소 소개되었다고 볼 수 있는데 특히 '이념'으로서의 자유주의는 대중을 상대로 펴낸 〈독립신문〉에 의해 본격적으로 전파되었다고 할 수 있다. 〈독립신문〉은 주로 그동안 유교에 의해 경시되었던 이익 개념과 상업에 대해 재평가하며, 개인의 생명권, 재산권, 자유권과 경제적 독립을 강조했다. 그러나 이익을 추구하고 경쟁심을 강조하는 자유주의 사상은 문명사회에 대한 동경과 더불어 사회진화론과 인종주의로 경도되었으며, 제국주의를 미화하게 되었다. 민중에 대해서는 유교와 마찬가지로 불신하는 태도를 취했다. 이것은 우리의 자유주의의 특징이라고 할 수 있지만 자유주의 일반이 갖는 본질적인 모습이기도 하다. 그러므로 현재 우리가 자유주의를 다시 강조하고 그 의미를 찾는다고 할 때 이러한 자유주의의 특징에 대한 비판적 고찰이 우선되어야 할 것이다.

제 1 장 ——————— **자유주의란**
무엇인가

1. 나누기와 자유주의

나누기는 학문과 상식에서 많은 부분을 차지한다.[2] 좀 더 과장하자면 대부분의 지식이 나누기 그 자체이다. 구석기, 신석기, 청동기 등으로 나누어지는 역사는 우리에게 지식이며 상식이다. 그러나 그것은 단순히 인류가 무엇을 도구로 썼는가 하는 것만으로 역사를 나누었다는 사실을 잊게 한다. 인류가 돌을 그냥 사용했는가, 아니면 깨뜨리고 갈아서 썼는가, 구리를 썼는가, 철을 썼는가로 역사를 나누는 것이다. 만일 오늘날에도 그 분류 방식을 적용한다면 486컴퓨터를 쓰는가, 펜티엄을 쓰는가, 공기방울 세탁기를 쓰는가, 컬러 휴대폰을 쓰는가로 역사를 나누는 우스꽝스러운 장면이 연출될 것이다. 물론 그 옛날 당시의 역사를 추정할 수 있는 중요한 유물이 그러한 도구라는 것, 그리고 어떠한 도구를 사용하느냐로 다른 많은 부분들을 설명할 수 있다는 점에서 이러한 구분은 중요할지도 모른다. 그러나 문제는 이러한 구분이 인류 역사를 부분적으로만 설명한다는 사실을 대부분 간과한다는 점이다.

미국의 미래학자 앨빈 토플러Alvin Toffler는 인류의 역사를 물리력의 시대, 경제력의 시대, 정보력의 시대로 나눈다. 즉 과거에는 무기와 돈을 가진 사람이 세상을 지배했지만 오늘날에는 정보와 지식을 가진 사람이 세상을 지배한다는 것이다. 최근 우리 사회에서도 누차 강조되는 '정보화 사회', '지식기반 사회'는 이러한 사고를 반영한다. 그런데 이 같은 시대 구분은 인류 역사가 문명적으로 발전해왔다는 '착각'을 일으키게 한다. 칼의 지배보다는 돈의 지배가, 돈의 지배보다는 지식의 지배가 더욱 문명적인 것처럼 여겨진다. 그러나 지식은 그것이 돈이 되는 한에서 힘을 갖는 것이며, 돈은 그것이 언제라도 무기로 전화할 수 있기 때문에 지배력을 갖는다는 것은 자명하다.

이제 공간적인 나누기를 보자. 예를 들어 우리에게 '외국'이라는 단어는 어떠한 개념인가. 19세기 말에 '외국'은 서양 국가를 의미했다. 《홍영식 복명문답기》를 보면 홍영식이 외국에 처음 갔다는 말이 나오는데 그전에 이미 그는 일본에 다녀온 적이 있었다.[3] 그 당시 외국은 일본, 중국이 아닌 서양 국가를 의미한다고 볼 수 있다. 하지만 요즘 우리가 외국이라고 할 때 그것은 종종 미국 외의 국가를 가리킨다. 예를 들면, 외국 영화는 미국에서 만들지 않은 영화를 의미한다. 그리고 외국어를 잘한다고 할 때 그것은 독어나 불어 등 영어 외의 언어를 의미한다. 영어는 제2의 국어가 되어가고 있기 때문이다. 미국은 현재 우리에게 19세기 말의 일본, 중국처럼 이미 외국이 아니다. 강자는 강자 그 자체이면서 동시에 보편적 존재가 된다. 세계는 얼마 전만 해도 동과 서, 즉 소련으로 대표되는 사회주의와 미국으로 대표되는 자유주의로 나뉘어 있었다. 그러다가 사회주의가 몰락한 후 세계는 서구 문명과 이슬람 문명으로 '갑자기' 나누어졌다. 미국 정치학자 새뮤얼 헌팅턴의 주장에서 출발한 이러한 구분은 곧 미국에 의한 세계 질서 재편이라 할 수 있다. 심지어 이 두 세계는 나누어졌을 뿐 아니라 서로 충돌할 것이라는 예견까지 있었다. 그러나 이슬람의 9·11 뉴욕 테러는 헌팅턴의 예견이 적중한 것이 아니라 그와 같은 예견, 즉 편견이 원인이 되어 일어난 결과라고도 할 수 있다.

이렇듯 나누기는 우리를 착각에 빠뜨릴 뿐 아니라 폭력을 행사한다. 그중 하나가 사람을 남자와 여자로 나누는 것이다. 그러한 분류는 모든 인간에 사실상 남성과 여성이 함께 들어앉아 있다는 사실——신체 구조로 보나 호르몬으로 보나 성격으로 보나 그렇다——을 잊게 할 뿐 아니라 둘 중 하나가 될 것을 강요한다. 성전환 수술은 이 같은 사회적 강요와 폭력에 순응한 결과이다. 여자다운 남자보다 남자다운 남자가 많고 남자다운 여자보다 여자다운 여자가 많은 것은 단지 통계 수치일 뿐이다. 사실상 객관적 진리라 여겨지는 것들의 대다수가 이렇듯 수적인 통계상의 진리일 뿐이다.

같은 것이 다르게 나뉘는 경우도 있지만 다른 것이 같은 것으로 묶여지기도 한다. 전체주의라는 개념을 보자. 대체로 파시즘과 공산주의를 전체주의로 분류하는데 그 둘 간에는 공통점이 별로 없다. 그것은 반합리/합리, 느낌 중시/토론 중시, 유산계급/무산계급, 자유방임주의/생산수단 공유, 강자 중심/약자 중심, 인종주의/국제주의 등 오히려 서로 반대되는 경향이 있으며, 무엇보다도 파시즘은 공산주의를 적대시하는 이념이다. 그럼에도 불구하고 그 둘이 하나로 묶인 이유는 동서의 이데올로기적 대결 상황에서 자유주의 진영이 공산주의를 더 사악한 것으로 선전할 필요가 있었기 때문에 나타난 결과이다. 만일 파시즘과 공산주의에서 독재와 국가주의가 공통적으로 나타나기 때문에, 또는 두 체제가 개인보다 전체를 우선시하기 때문에 동일한 것이라고 본다면, 수술하기 위해 칼을 사용하는 사람과 누군가를 죽이기 위해 칼을 사용하는 사람도 같은 칼잡이라고 불러야 하는가? 또한 개인보다 전체를 우선시하는 것은 민족주의, 애국주의, 공동체주의, 생태주의도 마찬가지인데, 그렇다면 이것들 역시 전체주의라고 불러야 하는가?

자유주의를 논하기에 앞서 이토록 나누기 또는 묶기——

묶기는 나누기와 같은 말이다——에 대해 말하는 이유는 오늘날 자유주의의 성공이 바로 이 나누기를 잘한 것에서 비롯되었다고 여겨지기 때문이다. 자유주의에 대한 정의들을 살펴보면 도대체 좋은 것이라면 포괄하지 않는 것이 없을 정도로 광범위하다. 자유, 평등, 인권, 박애, 자선 등 모든 호의적인 개념들은 전부 포괄한다. 남은 것은 악의에 찬 것들뿐이며 그것은 공산주의의 몫이 되었다. 그래서 공산주의는 나치즘과 같은 종류, 즉 전체주의인 것이다. 심지어 사회주의 중에서도 호의적인 부분은 자유주의의 몫이다.[4] 그런 의미에서 복지 정책이나 개혁을 사회주의라고 본 우리나라 아무개 국회의원은 참으로 '적절한' 지적을 했다고 볼 수 있다. 사회주의는 우리에게서 그렇게 멀리 떨어져 있는 것이 아니다. 모든 체제는 자유주의적 요소와 사회주의적 요소를 두루 갖고 있다. 우리 주변에서 흔히 볼 수 있는 공동 노동과 공동 소유의 소공동체들, 무소유를 실천하는 수도자들, 재산을 공개해야 할 의무가 있는 공직자들, 국영기업체, 무상 교육기관 등이 그러한 예이다. 사회가 존재하는 한 사회주의는 존재한다. 완전한 자유주의는 완전한 사회주의만큼이나 공상적이다!

반면 사회주의 역사는 나누기에 지나치게 열중하여 실패한 역사라고도 본다. 그들은 상대가 얼마나 자신과 다른지에 주목한다. 그래서 무엇이 진정한 사회주의인가, 무엇이 수정주의인가, 정통 마르크시즘인가, 사회민주주의인가를 나누는 데 열중하여 토론하고 서로 비판하느라 많은 시간을 보냈고 많은 적을 만들었다(우리는 '진정한 사회주의'란 말은 들어봤어도 '진정한 자유주의'란 말은 들어보지 못했다). 그리고 많은 부분을 자유주의 쪽으로 보냈다. 즉 그들은 자신들과 약간만 달라도 부르주아 사상이라 비판하여 자유주의 사상을 더 풍부하게 하는 데 일조했다.

자유주의가 비교적 포용적 나누기를 한 이유는 그것이 그다지 지적이거나 성찰적인 이념이 아니라는 점에서도 비롯된다. 자유주의 이념은 사회주의처럼 사회와 역사에 대한 정교한 분석에 기초해서 완성된 것이 아니라, 민족주의나 파시즘처럼 단순한 몇 가지 가정들에 기초한다. 예를 들어, 인간은 날 때부터 자유롭다든지, 모든 인간은 합리적 계산자라든지, 각 개인의 행복 추구가 사회 전체의 행복 증대를 가져온다든지, 보이지 않는 손이 경제를 가장 이상적으로 조절한다는 등. 때로 그러한 가정들은 근거 없는 것이며 상호 모순적이기조차 하다.

이러한 가정들은 단지 '선언'에 불과하며 선험적인 것들로 그것이 그렇게 선언되었기 때문에 진리로 간주되고 있다. 따라서 그것은 폭력이다. 우리는 누가 무엇을 말했다는 이유로 그것을 진리로 간주할 수는 없다. "당신은 자유롭게 태어났다"고 말하는 것은 "당신은 노예로 태어났다"고 말하는 것과 동일한 이유로 폭력적이다. 왜냐하면 그것은 나라는 주체의 동의 없이 이루어진 것이기 때문이다. 자유주의적 선언들이 정당화될 수 있는 유일한 근거는 그것이 진리이기 때문이 아니라 그것이 어떤 이유에 의해서든 많은 사람들의 지지를 얻었기 때문이다. 그렇다면 다른 어떤 선언도 많은 사람들의 지지를 얻는다면 정당화될 수 있다.[5] 즉 어떤 진술의 정당성 여부는 그것이 과연 정당한 절차, 즉 다수의 지지와 합의에 의한 결론인가로 판단해야 하며 그렇지 못한 기존의 많은 진술들은 다시금 그러한 합의를 이끌어내도록 노력해야 한다. 그러므로 자유 또는 자유주의 역시 다시 토론되어야 하며 그것이 합의로 나아갈 때 우리는 그것을 정당하다고 인정할 수 있다.

자유의 선언이 폭력인 이유는 그것이 본래부터 진리인 것처럼 사람들에게 강요하고 있다는 사실 외에도 그것이 실제로 폭력을 행사하기 때문이다. 우리 사회에서 어느 날 누군가, "자유가 싫다, 자유는 부당하다"고 주장한다면 그는 공산주의자로 신고되어 다시는 그런 생각을 못하도록 정신 교육을 받을 것이다. 반공 영화에서 건장하고 잘생긴 국군은 비쩍 마른 인민군에게 늘 말하곤 한다. "너희가 자유를 아느냐"고. 우리에게는 자유를 싫어할 자유가 없다. 만일 우리가 자유를 싫어한다면 공산주의자이다. 9·11 뉴욕 테러 이후 미국의 대통령 부시가 말하듯, 미국편이든지 아니면 테러리스트

편이다. 다시금 행해지는 나누기의 횡포!

젊은이들은 이 사실을 '본능적'으로 알았다. 그래서 엽기란 말이 유행하는 것이다. 우리 사회에서 '엽기'란 말은 '자유롭고 기발한 생각'을 의미한다. 점잖은 사람들은 왜 '자유', '창의성'이라는 좋은 말을 두고 그렇게 흉한 말을 쓰느냐고 꾸짖는다. 그러나 그들이 '엽기'라는 말을 쓰는 이유는, '자유', '창의성'이라는 기성의 말이 싫어서다. 그리고 그것을 대신할 말이 없어서다. 스스로 인식하지 못한 채 썼을 수도 있지만, 느낌으로 이미 알아차린 것이다. 자유와 창의력은 각각 권력과 돈의 용어라는 사실을. 자유는 자유민주주의 체제의 중요한 가치라고 도덕 교과서를 통해 귀가 따갑도록 들어왔고, 창의력은 오늘날 매스컴을 통해 돈 벌 수 있는 중요한 능력이라고 우리는 세뇌당하고 있다. '엽기'조차도 이미 상업화되어 점차 돈과 관계되기 시작했고 그렇기 때문에 벌써 식상해지긴 했지만 그래도 권력으로부터는 아직 자유롭다(그런데… 정말 그럴까?).

2. 정치적 자유주의와 경제적 자유주의

자유주의가 비지성적이든 비성찰적이든 그것은 자유주의자들이 크게 상관할 바가 아니다. 왜냐하면 기본적으로 자유주의는 '여유 있는' 자들의 이데올로기이기 때문이다. "정치? 관심없다!"야말로 그들의 생각을 잘 표현해주는 말이다. 사상은 먹고 살기 힘든 곳에서나 꽃피우는 법이다(북한을 보라!).

그러므로 정치적 자유는 자유주의의 주된 내용이 아니다. 그것은 민주주의의 내용이다. 사실상 그것이 참다운 자유인 한, 자유 그 자체는 민주주의의 내용이다. 구호에 그치는 자유, 굶어 죽을 수 있는 자유가 자유주의적 자유라면 굶어 죽지 않기 위해 일자리를 요구하는 자유는 민주주의적 자유이다. 고대 그리스 때부터 자유는 민주제의 원리였고 재산은 소수가 권력을 잡아 지배하는 정치체제인 과두제寡頭制의 원리였다. 그 당시 '자유'란 개인적인 것이 아니고 정치 생활에 참여할 자유를 가리켰으므로 자유라고 하는 것 자체가 정치적 자유를 의미한다고도 할 수 있다. 정치적 개인으로부터 사적인 개인이 분리될 수 없는 시대였기 때문이다.

그런데 때로는 자유주의자들이 정치적 자유를 부르짖는 경우가 있다. 주로 그들의 재산권이 위협받을 때이다. 자유주의가 등장하게 된 계기 자체가 유산자 계급이 자신의 재산권을 법적, 정치적으로 보장받기 위한 것이었다. 그것을 대변하는 영국의 정치사상가 존 로크John Locke는 전쟁으로 목숨은 빼앗을 수 있어도 재산은 빼앗을 수 없다고 했다. 복지국가에 반대하는 신자유주의자들의 주장을 보라. 너무 많은 세금이 문제이다. 미국도 독립 투쟁 당시 처음에 내걸었던 슬로건은 "대표 없는 과세 없다"였다. 최근 한국 사회에서 일부 이익단체들이 보인 정치적 행동과, 언론 재벌이 부르짖은 언론의 자유 역시 재산권에 대한 권리 주장과 탈세 조사에 대한 반발에서 비롯된 것이라 할 수 있다. 그들 모두 '자유'를 위해 정치적으로 떨치고 일어났다. 그러나 그들은 그들과 관계 없는 사람들의 자유가 억압당하던 시절에는 모두 침묵했다는 공통점이 있다. 그러므로 지금 그들이 정치적 자유를 주장하는 이유 중 하나는 자신들의 재산권이 침해당한다고 생각해서라는 결론이 가능하다.

사실상 이들은 자신들의 경제 생활만 침해하지 않는다면 독재 정권이든 왕권이든 크게 상관하지 않는다. 영국의 정치 사상가 토머스 홉스Thomas Hobbes의 원자적 개인주의에서 절대 권력이 도출되었고 파시즘과 유산자 계급, 조폭과 나이트클럽은 서로를 필요로 한다. 우리 역사를 봐도 권위주의적 정부 덕분에 재벌들이 자랐고 다시 그 재벌이 정부를 도왔다. 그러므로 절대 권력과 자유주의의 공존이 가능하다. 예를 들어 자유주의자들이 주장하는 "최소 국가"를 보자. 실제로 자유주의 체제하에서 국가는 자본의 흐름에 간섭하지 않는 것이 아니라 그 흐름을 돕는 역할을 한다. 그러므로 자본의 흐름을 돕는 역할을 하는 한, 국가의 개입은 거부되지 않으며 오히려 더 권장될 수 있다.6 예를 들면, 신자유주의 정책을 추구하는 국가의 경우 실제 정책의 집행에서 개입이 축소되기보다는 더욱 선택적으로 또한 직접적으로 이루어지고 있으며, 그 개입은 주로 첨단 과학기술에 대한 투자, 노조활동 억압, 자치제도 폐지 등 자본의 운동을 더욱 원활하게 하는 데 초점이 맞춰져 있음을 알 수 있다.

이렇듯 자유주의자들이 본질적으로 정치에 관심이 없다면, 최근 거론되고 있는 정치적 자유주의는 무엇인가? 그것은 진정 정치적 자유를 위한 것인가? 정치적 자유주의를 주장하는 이유 중 하나는 자유주의를 경제적, 개인적, 이기적 자유주의의 악명에서 구원하기 위해서다. 그러나 정치적 자유주의의 내용을 보면 그것은 '정치적 자유'가 아니라 '자유적 정치'라는 것을 알 수 있다. 즉 '정치적 자유주의'보다는 '자유주의적 정치'라는 말이 더 정확할 것이다. 자유주의자들의 정치관은 다원주의이다. 다양한 사람과 집단이 자신의 이익을 어떻게 표출하고 실현할 것인가가 그들의 정치적 관심사다. 미국의 정치철학자 존 롤스John Rawls가 말하는 정치적 자유주의 역시 다양한 그리고 합당한 종교적, 철학적, 도덕적 교리 간의 합의를 이끌어내는 것을 목표로 한다.[7]

그렇다면 이러한 정치적 자유주의 또는 다원주의의 문제는 무엇인가? 그중 하나는, 이익의 다양성을 수평적으로만 파악한다는 것이다. 즉 그들은 다양성, 차이를 강조함으로써 이익들 간의 위계적이고 수직적인 배열, 즉 차별을 보지 못하게 한다. 최근 '차이'를 강조하는 이론 또한 같은 문제를 가진다. '차이difference'는 '차별discrimination'보다 넓은 개념으로서, 차별인 것과 차별이 아닌 것을 다 같이 포함한다. 나아가 차별과 차별이 아닌 것 간의 구별을 무의미하게 만드는 개념이다. 차별은 이미 그 개념 안에 어떤 입장은 정당하고 어떤 입장은 부당하다는 것을 전제하는 반면, 차이를 존중하는 입장에서는 모든 견해가 동등한 권리를 갖는다. 즉 차별도 차이로만 인정해야지 그 이상의 가치를 주어서는 안 된다. 차별하는 자의 입장과 차별받는 자의 입장에 대한 평가는 등거리를 유지한다. 차별의 문제가 차이의 문제로 '중립화', '무력화'된다는 것이 차이 개념이 갖는 문제이다. 또한 차이는 차별보다 긍정적인 개념이다. 다르다는 것은 극복의 대상이 아니며 자연스럽고 때로는 바람직한 것일 수 있다. 예를 들어, 차이를 강조하는 입장에서는 여성이 애써 남성과 같아지려 노력할 것이 아니라 여성이 남성과 다르다는 것을 인정하고 오히려 남성과 다른 차이를 더욱 개발하는 것을 더 바람직한 것으로 생각한다. 그러나 차별은 바로 이러한 차이를 인정하면서부터 정당화되고 이데올로기화된다.

다양성과 차이를 강조하면서 생기는 또 다른 문제는 그것이 실제 정치적인 문제의 본질을 흐리고 대립을 조장하며 비판의 대상을 제대로 찾지 못하게 한다는 것이다. 예를 들어보자. 한 공장이 환경오염의 주범이라고 시민들이 폐쇄를 주장한다면 폐쇄를 주장하는 시민과, 그 공장이 폐쇄됨으로 인해 실직하게 되는 노동자는 서로 대립하는 것이라고 다원론자는 파악할 것이다.[8] 그러나 그 둘의 입장 대립이 과연 필연적인가? 기업이 오염 방지 시설을 의무적으로 설치하도록 국가가 지시하고 지원한다면 이러한 대립은 있을 수 없다. 더구나 환경 시설을 개발하고 생산해내는 공장을 짓는다든지 친환경적인 산업을 그 지역에 새로이 일으킨다면 실업을 줄이고 경제를 활성화하는 부가적인 효과도 가져올 것이다. 이것은 정부의 몫이다. 그러므로 이 문제는, 비판의 화살이 정부를 향해야 하는 것인데 시민과 노동자 간의 대립에 유도된 것이라고 할 수 있다.

또한 이 문제는 논란을 일으켰던 군가산점제도 폐지 문제를 연상시킨다. 그것은 군복무에 대한 보상을 원하는 남성과 사회의 구조적 차별의 희생자인 여성을 차이로 대립시킨 것으로, 실제 비판은 남성에게 군복무를 시키고 여성에게 차별을 강요하는 국가와 사회로 향해야 하는 것이었다. 그러므로 다양한 이익 간의 차이에 모든 문제의 원인을 집중시키는 것은 정부로 하여금 자신에게 향하는 비판을 돌릴 수 있는 여지를 제공한다. 또한 이것은 권력이 행해온 전통적인 '분할 통치' 방식이라고 할 수 있다.

지금 정치적 자유주의가 주장되고 있는 것은 대단히 '의미 있는' 현상으로, 예견된 일이기도 하다. 이젠 '자유민주주의'

에서 사탕발림으로 달린 '민주주의'를 버릴 때가 된 것이다. 사실상 자유민주주의는 어불성설이었다. 자유주의와 민주주의는 본래 서로 화해할 수 없는 이념인 것이다.[9]

동서양의 역사를 통틀어 살펴볼 때, 민주주의는 체제 간 경쟁에서 통치자가 민民을 더 많이 확보하고자 할 때 파생된다. 통치자가 자발적으로 민을 위하는 경우는 거의 없다. 그것은 '선한 통치자'의 딜레마이기도 하다. 선한 사람이라면 남을 지배하는 일을 즐기지 않을 것이다. 즉 선한 사람은 통치자가 되고 싶어하지 않는다. 플라톤에 의하면 선한 사람이 통치자가 되는 유일한 동기는 자신보다 못한 인간이 통치자가 되는 것을 막기 위해서뿐이다. 이는 그만큼 좋은 통치자를 기대하기가 어렵다는 말도 된다. 그보다 더 어려운 것은 선한 사람이 통치자가 될 '가능성'이다. 권모술수가 판치는 정치판에 선한 사람이 통치자의 자리까지 오를 수 있는가에 대해서는 참으로 회의적이다.

그렇기 때문에 민주주의는, 통치자가 민을 위하는 것만이 자신의 살길이라고 생각하는 경우에 한해서 작동하는 것이다. 오늘날 정부가 언론 세무조사를 정치적으로 악용한다는 비판이 있는데, 홉스에 의하면 그 어떤 공익도 사익과 결합되지 않으면 추구되지 않는 법이다. 그러므로 우리에게는, 통치자의 사익이 공익과 합치되기를 기원하는 수밖에 달리 대안이 없다.

고대 그리스에서 민주주의의 황금기라 불린 페리클레스의 시대에 페리클레스가 민주주의를 부르짖은 이유는 경쟁자인 키몬을 견제하기 위해서였다. 키몬은 귀족제를 주장했으며 돈이 많아 많은 사람들을 즐겨 대접하곤 하여 지지자가 많았다. 페리클레스는 재산의 양에서 그를 따라갈 수가 없었으므로 민주주의에 대한 지지를 내세워 지지자를 모았다. 또 공금을 이용하여 각종 사업을 일으켰고 일자리를 창출해서 대중의 인기를 모으려 했다. 동양에서 애민 사상愛民思想은 춘추전국시대에 등장했는데 그때는 여러 군주가 난립하여 서로 전쟁을 일삼던 시대로, 각 군주는 얼마나 많은 병사를 확보할 수 있는가로 승리를 점쳤다. 그 병사는 바로 '민'에서 나오는 것이었고 그래서 천하를 얻으려면 민심을 얻어야 한다는 말이 나오게 되었다. 그렇게 해서 애민 사상이 등장하게 된 것이다. 근대 서구에서 자유주의자들이 '자유민주주의'를 부르짖은 것 역시 사회주의자들과의 경쟁에서 더 많은 민을 확보하기 위해서였다. 그러나 이제 사회주의라는 경쟁자는 사라졌고 따라서 이제 더 이상 민주주의를 얘기할 이유는 없어졌다.[10] 더 많은 다수의 복지를 의미하는 민주주의는 이젠 자유주의자들에게 거치적거리는 존재일 수밖에 없다. 그리고 정치적 자유주의가 민주주의라는 구호를 대신하고 있다. 그러다 '정치적'이란 말도 사라질 것이다.

　이제 자유주의만 남는다. 자유주의 이념의 우세는 곧 자유주의 세력의 우세를 의미한다. 그것은 신자유주의적 질서의 독주와 더불어 등장한 것이다. 그런데 신자유주의는 복지를 버리자고 주장하면서 등장한 것이므로 어쩐지 냉정한 느낌이 든다. 그 누구도 자신을 '신자유주의자'라고 자처하지 않는다. 신자유주의 대신 자유주의를 주장하는 것은 그것이 더 '인간적'이기 때문일 것이다. 자유주의는 비록 일부 유산자 계급의 해방만을 추구했다 하더라도 어쨌든 봉건적 질곡을 뚫고 나타난 것이다. 그러나 자유주의는 등장하자마자 아동 노동을 비롯한 비인간적 노동 착취를 일삼았고 제국주의 전쟁으로 치달았다. 또한 신자유주의는 고전적 자유주의의 부활을 외치며 나타난 것인데 어떻게 그 둘이 다를 수 있겠는가. 자유주의 이념은 신자유주의가 비판받아야 하는 동일한 이유에서 비판받아야 하고, 현재 그것이 유일하게 우세한 이념이라는 이유에서도 반드시 재고되고 비판받아야 한다. 특히 통일 후의 체제를 고민해야 하는 우리의 경우 일방적 자유주의의 우세에 대한 성찰과 건전한 비판이 반드시 있어야 한다.

자유주의의 건설적 비판을 위해서 우리의 자유주의 역사를 살펴보는 것은 대단히 의미 있는 일이다. 우리의 자유주의 이념은 서구에서 온 것이지만 서구 자유주의보다 자유주의의 본질을 오히려 더 잘 보여준다. 그러므로 서구가 보편이고 우리가 특수라고 하는 입장에서 무엇이 같고 무엇이 다른가 하는 방법으로 접근하는 것이 아니라 우리의 자유주의를 봄으로써 서구 자유주의 또는 자유주의 일반을 더 잘 볼 수 있게 될 것이다.

3. 독립적인 개인의 자유와 쾌락

정치적 자유가 자유주의의 본질적 내용이 아니라면 어떠한 자유가 자유주의에서 주장되는가? 또한 자유 그 자체는 자유주의와 어떠한 관계인가? 자유주의는 자유를 중시하는 이념이라고 정의될 수 있는가? 그런데 과연 자유를, 그 정의는 각각 다를지라도, 가치로 인정하지 않는 이데올로기가 있는가? 그렇다면 자유를 '최고의 가치'로 생각하는 이데올로기가 자유주의인가? 전체주의의 철학적 기초를 마련한 헤겔 역시 모든 국가와 역사의 궁극적 목적을 '자유'로 보았다. 공산주의의 궁극적 목표도 인민의 해방, 즉 자유이다. 이혼할 자유 등 사생활에서의 자유는 좌파 쪽에서 더욱 관용적이다. 종교도 자유를 부르짖는다. 불교에서는 중생의 해탈인 자유가 목적이고 성서에서도 "진리가 너희를 자유롭게 하리라"고 했다. 거의 모든 이데올로기와 종교의 목적이 자유이다. 그러므로 자유를 주장하는 것으로 자유주의를 설명할 수는 없다.

그렇다면 자유주의는 '무슨' 자유를 주장하는가를 보아야 할 것이다. 가장 자유주의적인 자유는 '개인주의적 자유'이다. 자유주의에 관한 여러 정의가 있지만 그러한 정의의 공통분모가 '개인의 자유'이다.[11] 그렇다면 개인의 자유에서 '개인'이 의미하는 바는 무엇인가? 누가 '개인'이 될 수 있는가? 바로 강자만이 개인이 될 수 있다. 강자는 혼자 다닌다. 영화 속의 고수는 늘 혼자이다. 비장하게 칼 하나 옆에 차고 홀로 수련하며 홀로 대결하고 홀로 사라진다. 항상 몰려다니는 사람들이 있다면 그 이유는 그들 모두가 약자이기 때문이다. 노동자들이 집회를 통해서 압력을 가하고자 하는 것은 그들이 약자로서 그 방법밖에는 달리 대안이 없기 때문이다. 아마도 초식동물이 육식동물에게 덜 잡아먹히기 위해 뭉치는 것과 같은 이치리라. 영화〈친구〉에서, "함께 있을 때 우린 아무것도 두려울 것이 없었다"고 한 것은 곧, "혼자 떨어져 있으면 몹시 두렵다"는 의미이다. 그 주인공들을 보라. 건달 아들, 장의사 아들, 심약한 모범생, 천덕꾸러기로 그 각자는 모두 자신들이 강자, 특히 사회적 강자가 아니라는 것을 잘 알고 있었다.

그러므로 과거, 또 오늘날에도 개인은 강자일 수밖에 없다. 민民, 즉 백성은 무리이다. 권리를 가진 독립된 개인들의 집합이 아니고 그냥 가축의 무리와 같은 하나의 무리일 뿐이다. 근대 이전의 동양에서는 원래 민법이 없었다고 하는데,

이 사실은 백성들이 각각 서로 갈등하는 개인일 수 있다는 가능성을 전혀 생각하지 못했음을 반영한다.[12] 오늘날에도 마찬가지다. 시골에서 농사를 짓는 한 농민은 개인의 자격으로 대통령을 만날 수 없다. 심지어 도지사도 만날 수 없다. 그는 '개인'이 아니기 때문이다. 그러나 어떤 농민회 대표가 된다면 도지사 정도는 만날 수 있을 것이다. 즉 무리의 일부로서가 아니라 한 무리의 대표가 되면 비로소 개인이 되며 또 다른 강한 개인과 같은 자격을 지니게 되는 것이다.

서구 사상사에서도 '개인'은 근대 이후에 탄생했다. 그러나 그 '개인' 역시 특별한 사람을 의미한다. 서구 사상사에서 '개인'이 중요해지기 시작한 것은 '사회'가 거대한 힘을 갖고 등장하면서부터다. 영국의 사상가 존 스튜어트 밀John Stuart Mill(이하 밀)은 사회 내의 거대한 여론이 창의적인 개인을 억압할 수 있는 상황이 되었음을 우려했다. 그 당시 사회는 이제 막 육체 노동자가 사회 내의 다수를 차지하기 시작했고 1인 1표제 실시와 더불어 다수의 지배를 의미하는 민주주의의 압제가 우려되는 시기였다. 그래서 그는 '우수한 개인'의 지성이 이러한 무지한 다수의 여론 때문에 억압받지 않고 오히려 그들을 지도할 수 있는 사회를 꿈꾼 것이다. 자유화 이후 러시아에서도 각광 받았다는 그의《자유론》은 그러한 '우수한 개인의 자유'가 억압되지 않기를 바라는 뜻에서 씌어진 것이다.

그러므로 자유주의적 자유는 구체적인 의미에서 '강한 개인의 자유'라고 할 수 있다. 강자는 당연히 자유롭고 싶다. 간섭을 필요로 하는 것은 약자이다. 실직자는 자유롭다. 그러나 그것이 그에게 무슨 의미가 있는가. 그는 직장에 매이고 싶고 일에 억눌려지길 원한다. 그러나 진리는 강자에 의해 좌우되며, 따라서 '모든 이는 자유롭고 싶어한다'로 결론지어진다. 이제부터 모든 개인은 각각 그가 속해 있는 환경과 관계 없이 모두 합리적 계산자이고 자신의 운명을 자신이 개척해야 한다. 즉 이제 각각의 개인은 '독립'해야 하는 것이다. 신으로부터 왕으로부터 독립하여 이제 그에게 주어진 미래는 그의 책임이 된다.

그러므로 자유주의에서 중요한 개념은 바로 '독립'이다. 자유롭고 강한 개인의 자유는 곧 독립을 의미한다. 동양 사회는 '자유' 개념을 처음 접하면서 '자립'이라고 파악했는데 그것이야말로 '자유'에 대한 매우 정확한 이해라고 할 수 있다. 동양 사람이 서양 사람보다 오히려 자유주의적 자유의 본질을 더 정확히 꿰뚫어본 것이다. 이는 원자적 개인주의, 사회와 관계 없이 고립된 개인의 자유를 상정하는 자유주의에 잘 맞는 개념이다. 과연 독립하고 싶어하는 사람은 누구겠는가? 학부제를 실시하는 대학에서 인기가 많은 학과는 다른 과보다 수입이 많을 것이고 그러면 '독립채산제'를 주장할 것이다. 가까운 예로 들 수 있는 것이, 순전히 수익자 부담으로 운영되며 소수 인재의 양성과 교육의 불평등화를 초래할 수 있는 제도인 '자립형' 사립고교제도이다. 신자유주의가 추구하는 민영화는 어떠한가? 그 역시 정부의 간섭이나 지원 없이 또한 공익과 관련 없이 수익을 내는 사업으로 전환하여 독립하고자 하는 것이다. 만일 누군가가 "독립하고 싶다"고 말한다면 그 사람은 분명 그럴 만한 능력이나 재산이 있을 것이다. 많은 여성이 가정에 대한 불만으로 이혼하여 독립하고 싶어하지만 경제력이 없어 그러지 못한다.

어떤 의미에서 보면 '독립'은 왕정이나 신정 등 '의존'의 시기에서 벗어나 자립과 건설을 필요로 하는 근대 시기의 개념이라고 볼 수 있다. 그러므로 근대적인 자유주의 이념에 가장 잘 어울리는 개념인 것이다. 그러나 이 같은 '독립'은 근대 시기가 요청하는 '필요'에는 맞을지언정 '진실'이라 할 수는 없다. 근대의 자만과 착오와 더불어 독립 역시 착오적 개념이라는 사실이 금방 드러난다. 사실 세상은 독립된 개인으로 이루어져 있지 않다. 그들은 근대, 근대 이전이나 근대 이후 등 시기와 관계 없이 여전히 의존적이다. 그러나 '서로 서로' 의존적이다. 그러므로 인간의 관계는 '독립'이 아닌 '상호 의존'으로 설명되어야 한다.

밀은 '고립된 개인의 자유'만으로——다른 사람의 행복을 침해하지 않는 한 나의 행복을 추구할 자유—— 자유의 본질을 설명하려고 무척 애를 썼지만 결과적으로는 온갖 예외 조항만 늘어놓았을 뿐이다. 그가 늘어놓은 예외조항만 보아도 개인의 자유가 과연 존재하는지 회의가 든다. 그에 의하면 다음과 같은 사람에게는 자유가 허용되지 않는다. 미성숙한 인간, 아동, 미개인, 도박꾼, 주정꾼, 무절제한 사람, 태만한 사람, 불결한 사람, 의무를 이행하지 않는 사람 등. 밀은 또한 때로는 무위로써 타인에게 위해를 가할 수도 있다는 것을 인정한다. 예를 들면, 자살 방조와 같은 경우이다. 또는 범죄를 미연에 방지하기 위한 경우, 풍기 문란의 경우, 선동하거나 권장하는 행위는 사회가 간섭해서는 안 되는 영역에서 제외된다. 그러면 결국 개인 고유의 영역에는 무엇이 남는가? 아이러니컬하게도 자유주의의 결론은 어떤 이의 자유를 침해하지 않기 위해 수많은 간섭을 인정해야 한다는 것이다. 그러므로 사회나 인간의 관계를 보지 않고 고립된 개인의 자유만을 보는 것은 결국 그 개인의 자유도 지킬 수 없게 만든다. 개인의 자유를 위해서는, 그를 간섭하지 말아야 하는 것이 아니라 그를 적극적으로 보호해야 한다. 그러기 위해서는 공통의 강한 규범이 공동체 내에 존재해야 한다. 그러나 자유주의는 단지 개인의 자유를 위한다고 선언하고는 그것을 방치한다.

자유주의에서 개인주의적 자유, 독립이 강조되는 또 한 가지 이유는 각 개인들이 합리적 판단자라고 생각하기 때문이다. 모든 개인은 자신의 행복을 위해 최선을 다한다. 모두가 고통을 피하고 쾌락을 추구한다. 이것만이 유일한 법칙이고 따라서 세상은 이 법칙에 의해 질서를 유지한다. 그래서 미래는 예측 가능하고, 보이지 않는 손이 기능하게 된다. 세상의 모든 법률, 도덕의 기초는 바로 '모든 인간은 쾌락을 추구하고 고통을 회피한다'는 전제이며 또 그래야만 한다. 이 가정은 사실상 모든 위선적인 법, 도덕, 종교에 대해 명쾌한 타격을 가한다. 공공선을 외치는 누군가는 사실 자신의 쾌락을 위해 그러는 것이다. 신자유주의자에 의하면 사실상 '사회'라는 것도 존재하지 않는다. 그러니까 존재하지도 않는 사회의 이름으로 개인의 이익을 저해할 수는 없다. 존재하는 것은 오로지 각각의 개인들이며 이 개인들은 누구나 다 쾌락을 좇고 고통을 피하고자 한다.

그러나 이 명쾌한 명제는 바로 그것이 사실이 아니라는 점에서 문제가 있다. 너무 당연한 말이지만, 인간은 때로 쾌락을 버리고 고통을 좇는다. 왜냐하면 '옳은' 것이 더 중요하기 때문이다. 때로는 온갖 고문을 이겨내며 옳은 것을 지키려고 한다. 만일 위와 같은 전제에 의하면 고문을 감수하는 사람은 정신병자이거나 마조히스트이다. 그러한 가정은 모든 위대한 이들에 대한 모독이다. 그래서 밀은 임시방편격으로 쾌락에도 질적 차이가 있다고 말한다. 그러나 그는 그렇게 말하자마자 이 세상은 쾌락 추구와 고통 회피만으로는 설명이 되지 않는 제3의 기준이 필요하다고 고백한 셈이 된다.[13]

그러한 가정의 또 다른 문제는 그것이 비열한 사람에게만 유리한 가정이라는 것이다. 흔히 "사람은 다 똑같은 거야. 자기 자신을 위해 사는 거야"라고 말할 때, 그것으로 이익을 보는 사람은 누구인가? 바로 자신만을 위해 사는 사람이다. 그는 모든 훌륭한 위인을 끌어내려 자신과 동일시함으로써 쾌감과 안도감을 맛볼 것이다. 그에 의하면, 고문을 받다 죽든, 변태적 행위로 인해 죽든 그 두 유형의 사람은 똑같이 쾌락을 좇아 죽은 것이다.

　오늘날 그러한 명제는 다시금 우리에게 강요한다. 오늘날에는 따라야 할 아무런 규범이 없다. 이기주의가 미화된다. "난 이기적이야"라고 자처하는 여성은 명품 화장품을 쓰고 '임페리얼' 분유를 아기에게 먹이며 프리미엄 차를 탄다. 온갖 공주, 왕자, 여왕이 부활하고 있다. 이기적이고 권력을 쥐고 있고 부자라면 오늘날 최고의 자랑이다. 그러한 강요는 현대인들로 하여금 부와 권력 외에는 그 어떤 것에도 자부심을 느낄 수 없게 한다. 쾌락을 좇고 고통을 피하게 만든다. 도처에 "영혼이 없는 전문가와 심장이 없는 관능주의자"만을 만든다.

제 2 장

한국
자유주의의
기원

1. 〈독립신문〉의 역할

현재 우리에게 익숙한 자유주의는 민주주의와 더불어 미군정에 의해 널리 홍보되고 교육된 이념이다. 우리에게 자유민주주의는 반공주의와 동일한 것으로 인식되고 있다. 그 이유는 미국이 소련과의 이데올로기 경쟁을 통해 '반공'으로 자유민주주의를 교육했고, 소련의 복지 중시의 민주주의 개념에 반대되는 '자유' 중심의 민주주의를 전파했기 때문이다.[14] 그러나 미군정의 교육에 의해 일방적으로 또한 최초로 자유민주주의가 전파되었다고 볼 수는 없다. 이승만 대통령 역시 정치적 이유에 의해 반공을 강하게 주장했고, 또한 그보다 훨씬 앞서 일제시대 이전인 1890년대 말부터 이승만을 포함한 개화파에 의해 자유주의적 주장이 일반인에게 널리 알려지기 시작했다.

자유주의 이념이 본격적으로 수용되어 대중에게 전파되기

시작한 것은 서재필, 윤치호의 〈독립신문〉을 통해서라고 할
수 있다. 일반적으로 개화사상이 시작된 것은, 박규수가 신
미양요를 겪고 1872년에 중국에 다녀온 뒤 개화사상을 품고
김옥균 등을 지도하면서부터라고 한다. 그러나 이 시기 개화
사상의 주 내용은 막연히 해외에 대한 지식을 가져야 된다는
것, 해외 기술을 받아들여 나라를 부강하게 해야 한다는 것
이었다. 1890년대와 1900년대로 들어서면서부터 비로소 정
치사상적 내용이 본격적으로 소개되었다.[15] 이전에도 유길
준, 박영효 등이 서구 사상을 소개하기는 했으나 일본의 후
쿠자와 유키치福澤諭吉의 저작을 통해 간접적으로 수용된 것
이므로 그의 사상적 영향을 많이 받았다.[16] 하지만 그들이 주
장하는 사상은 본격적인 자유주의 사상이라고 보기에는 어
려운 점이 많으며, 여전히 유교의 영향에서 자유롭지 못한
면을 많이 보여주고 있다. 반면 서재필과 윤치호는, 유길준
과 박영효가 후쿠자와 유키치를 통해 서구 사상을 소개한 것
과는 달리 서양에서 직접 수용하여 전파했다. 두 사람은 갑
신정변 이후 미국으로 망명하여 서구 사상을 접했고 귀국 후
〈독립신문〉을 통해 그것을 전파했다.[17]

〈독립신문〉에도 유교의 영향이 부분적으로 나타나고 있
다. 그러나 〈독립신문〉은 그 전의 사상가나 〈황성신문〉과는
달리 유교를 강력하게 비판했으며, 유교적 사고방식에서 벗
어날 것을 주장했다. 또한 이전 사상가들의 글에서 나타나는

개념들의 의미가 유교의 영향으로 인해 현재 사용되고 있는 개념들의 의미와 조금 다른 반면, 〈독립신문〉에 나타나는 개념들은 오늘날 사용되는 개념들과 거의 일치한다.

〈독립신문〉이 자유주의 정치사상사와 관련하여 중요한 또 한 가지 이유는, 이 신문이 이전의 사상가와는 달리 전 인민을 상대로 하고 있다는 점이다. 유길준, 박영효 등의 사상은 소수의 지식인들 사이에서 하나의 '이론'으로 소개되고 토론된 것인데 비해, 하나의 '이념'으로서 나아가 대중을 상대로 최초로 소개하고 전파한 것은 〈독립신문〉이었다. 우선 〈독립신문〉은 최초의 민간 신문이자 일반인들이 읽을 수 있도록 순한글로 발행된 최초의 한글 신문으로, 한글학자 주시경의 연구로 우리나라 국문역사상 최초의 띄어쓰기가 시도되어 이전에 비해 훨씬 읽기 쉽게 만들어졌다.[18]

또한 〈독립신문〉의 대중적 영향력을 말해주는 것으로 독자의 수를 들 수 있다. 1회 발행 부수는 300부였는데 1898년 1월에는 약 1,500부, 그해 7월에 3천 부로 증가했다. 그런데 〈독립신문〉은 한 사람이 한 부를 읽는 것이 아니라 돌려가며 읽고, 학교와 시장에서 낭독되기도 했다. 예를 들어, 강원도 양구군 우망리 장에서는 군수가 시장에 사람을 모으고 장꾼들에게 글 잘 읽는 사람으로 하여금 〈독립신문〉을 읽어 들려주게 했는데 당시 이러한 일은 관행처럼 치러지고 있었다고 한다.[19] 또한 내부內部도 각 지방 관청의 구독을 지시했으므로 〈독립신문〉을 읽거나 들은 사람은 발행 부수의 수십 배, 수백 배라 할 수 있다.[20] 서재필은 한 부당 최소 200명이 읽었다고 회상하고 있다.[21] 뿐만 아니라 서재필은 배재학당에서 매주 백여 명 가까운 학생들에게 강연을 했으며 일요일마다 독립관에서 연설을 했는데 청중이 구름같이 몰려들었다고 한다.[22] 또한 서재필은 독립협회 간부들과 함께 민중대회를 열어 반러운동을 전개했으며 〈독립신문〉에 만민공동회의 활동 상황을 기사화하여 대중적 관심을 불러일으키는 등 대중운동에 주력했다.[23] 따라서 〈독립신문〉에 나타난 사상이 대중에게 얼마나 큰 영향을 미쳤을 것인가 하는 점은 충분히 짐작할 수 있다.

그런데 〈독립신문〉은 대중에게만 영향력이 있었던 것이 아니다. 권력에도 영향을 미쳤다. 서재필은 고위 관료들과 친분이 있었고 실제로 〈독립신문〉이 주장하는 개혁이 정부에 의해 시행되기도 했다. 후기에 수구파가 집권하면서 정부와 갈등하게 되지만, 〈독립신문〉의 창간 자체가 정부의 주도로 이루어졌으며, 고급 관료 클럽인 독립협회를 통해 서재필은 갑오개혁의 집권 관료, 외교계 관료 등 고위 관료들의 후원과 협조 아래 〈독립신문〉을 운영했다. 또한 서재필은 독립협회를 통해 미국 공사, 프랑스 영사, 정부의 외국인 고문 등 고위급 외국 인사들과도 친분을 맺고 있었다.[24] 당시 대신들과 관원들은 〈독립신문〉을 열심히 읽었고 외국에서도 관심

을 가졌다.[25]

따라서 정부 고위 관료의 후원 아래 개화파 지식인에 의해 창간되어 대중에게 커다란 영향을 미친 〈독립신문〉을 살펴보는 것은 그 시대의 총체적 사상을 알 수 있게 해줄 것이다. 또한 〈독립신문〉이 현대적 의미의 자유주의 사상을 최초로 드러냈다는 것 외에 〈독립신문〉이 중요하게 다루어져야 하는 이유는 그것이 이후의 우리나라 정치체제 이념에 영향을 끼쳤기 때문이다. 우리나라의 체제 이념인 자유민주주의를 건국 이념으로 세운 제1공화국 이승만 대통령은 청년 시절에 독립협회 회원으로서[26] 2년 동안 〈독립신문〉 주필인 서재필 밑에서 개혁 이념을 배웠다. 또한 서재필이 자주 강의했던 배재학당에서 국어 선생으로 있으면서 서재필을 도와 협성회를 조직하여 이후 〈독립신문〉의 주간판에 해당하는 〈협성회보〉를 발간하기도 했다.[27] 이렇게 볼 때 이승만의 사상은 서재필의 지도와 〈독립신문〉의 영향에 의해 형성되었을 가능성이 크다고 볼 수 있으므로, 우리나라의 지배 이데올로기의 산실은 바로 〈독립신문〉이라 해도 과언이 아닐 것이다. 또한 제1공화국 이래 이승만의 '철저한 자유민주주의 이념'[28]이 일반 국민에게 무리없이 광범위하게 수용될 수 있었던 것도 〈독립신문〉과 서재필의 대중운동이 이미 그 역할을 충분히 했기 때문이라고 볼 수 있다.

이처럼 〈독립신문〉이 당대뿐 아니라 이후에 끼친 영향을 볼 때 〈독립신문〉에 대한 분석을 통해 우리나라의 지배 이데 올로기인 자유주의의 초기 형태를 볼 수가 있으며, 이후의 우리나라 정치역사의 지배 이념을 분석할 수 있다는 결론이 가능하다.[29] 지배 이데올로기 분석이 중요한 이유는 개념, 언 술의 등장과 그 변화야말로 지배권력, 또한 지배권력과 대중 과의 관계 변화를 보여주는 역사의 결정적 증거이기 때문이 다. 예를 들어, 이승만 정권의 자유민주주의, 박정희 정권의 한국적 민주주의, 현 정권의 민주주의와 시장경제 등은 그 이념이 어느 정도 실제와 괴리가 있다 하더라도, 한국의 정 치적, 경제적, 사회적 변화를 가리키는 한 지표인 것은 분명 하다.

2. 민족주의도 민주주의도 아닌 자유주의

〈독립신문〉과 독립협회를 포함하여 급진 개화파 이념을 자유주의 사상으로 보는 시각의 의의는 이들에 대한 기존 해 석이 갖는 문제와도 관련이 있다. 급진 개화파 특히 〈독립신 문〉과 독립협회에 대해서는 현재 서로 대립되는 두 가지 평 가가 있다.[30] 첫 번째, 이들은 개화운동을 소수파에 의한 운 동 차원을 넘어서 대중적, 시민적 차원으로 발전시켰으며 민 주주의와 자주독립을 주장함으로써 민중 계몽과 한국 사회의 발전을 가져왔다는 긍정적인 평가를 받으며 그동안의 정설로 여겨졌던 이론이다.[31] 특히 신용하는 〈독립신문〉과 독립협회에 대해 사회사상의 각 개념들과 이론을 자세히 분석하여 소개하면서, 독립협회가 한국의 근대 시민사회를 수립하려는 새로운 사회사상을 체계적으로 정립했다는 것을 강조했다. 두 번째로는 기존에 있어 왔던 이들에 대한 신화는 깨져야 한다는 주장으로, 이들이 친일적, 반민중적, 반민족적임을 자료를 들어 증명하고 있는 연구들이다.[32] 특히 역사학자 주진오는 '평가'의 문제보다 '사실'의 문제를 중시하여 기존의 독립협회가 민주주의적, 민족주의적이라는 시각을 교정하고자 많은 자료를 인용하면서 새로운 사실들을 발견했다.

전자의 경우, 〈독립신문〉에 나타난 개념과 이론들에 대해서는 상세히 분석하고 있으나 그 개념들 간의 관계에 대해서는 충분히 설명하지 않고 있다. 또한 〈독립신문〉에 나타난 반민중적 요소 등에 대해 크게 고려하지 않고 있다. 후자는 새로운 사실들을 많이 발굴해 기존의 시각을 교정하며 〈독립신문〉에 대한 일방적 미화로 인해 가려져 있던 이데올로기적 동기와 권력 관계를 드러내는 등, 역사 연구의 형평성 측면에서 기여한 바가 크다. 그럼에도 불구하고 〈독립신문〉의 특정 부분에 치중하여 강조한 경향이 있으며 〈독립신문〉의 전체적인 논조를 도외시하는 측면이 있다.[33]

서로 대립적인 이 같은 견해들은 〈독립신문〉의 사상을 민족주의 내지 민주주의와 관련하여 파악하고자 한 데서 비롯된 결과들이라고 판단된다. 즉 〈독립신문〉의 선구자적 역할을 높이 평가하는 논문들은 〈독립신문〉을 민족주의와 민주주의라는 측면에서, 비판하는 논문들은 그것을 반민족, 반민주라는 측면에서만 바라보고자 했기 때문이다. 그러나 〈독립신문〉의 사상을 자유주의로 규정하고 그 내용을 분석할 경우, 〈독립신문〉에 나타나는 상호 모순되는 내용들, 즉 민족과 백성을 위하는 내용과 외세 의존적이고 민중 불신적인 내용의 공존에 대한 설명이 가능하다. 왜냐하면 바로 그러한 모순이 자유주의의 특징이기 때문이다. 자유주의는 반민주적이면서 민주적이며 반민족적이면서 민족적일 수 있기 때문이다. 즉 민주주의와 민족주의는 자유주의의 원칙에 따라 수용되기도 하고 배제되기도 하는 것이다.

　그들의 사상을 민족주의라기보다 자유주의로 보는 이유 중 하나는, 대체로 기존의 연구가 독립협회와 〈독립신문〉의 민족주의 사상의 근거로 그들이 표방하는 '자주독립' 사상을 들고 있기 때문인데, 엄밀히 살펴보면 '독립' 개념은 국가적 차원보다는 개인적 차원의 '경제적 자립'의 의미로 더 많이 쓰이고 있다. 게다가 그 당시 나라가 외세의 위협이라는 국난을 맞이하여, 태동하고 있던 모든 사상이 민족주의 사상이었으므로 그들 사상을 민족주의라고 규정하는 것은 그들에 대해 그 어떤 특별한 것도 말해주지 않는다.

또한 그들의 사상을 민주주의로 보지 않으려고 하는 것은 우선, 〈독립신문〉에서 민주주의 내지 민주사상이 단 한 번도 본격적으로 다루어진 일이 없기 때문이다. 논설이나 잡보에 다른 나라 소식을 실으면서 '민주국'이 두세 번 등장하는 것이 전부이다. 그럼에도 불구하고 기존의 논문들이 〈독립신문〉의 사상을 민주주의로 보는 것은 〈독립신문〉이 민권, 위민 등을 주장했기 때문인데 사실상 그러한 개념들이 민주적인가 하는 부분은 재고찰되어야 한다. 더욱이 당시는 민주주의를 주장할 수 있는 상황이 아니었다. 여전히 군주권이 당연시되는 상황에서 민주주의는 매우 위험한 사상으로 독립협회 내부에서조차 언급되는 것이 금지될 정도였다.[34]

〈독립신문〉에서 가장 강조하는 사상은 자주독립과 문명개화 사상으로, 그것의 주요 개념은 자유권, 독립권, 교육, 개화, 진보, 법의 중요성, 군주에 대한 충성, 애국 등 다양하게 나타나지만, 그 내용을 보면 이익을 추구하고 재산권을 갖는 개인의 자유, 경제적 활동의 중요성 등 근대 자유주의의 내용들이 주를 이룬다. 교육과 법, 진보, 개화 등은 이러한 자유와 독립을 확보하기 위한 방법으로 제시되었다. 또한 인민, 국민, 민권, 민란 등의 개념은 이러한 자유주의를 이루기 위해 경계해야 하는 것이 무엇인지를 보여주고 있다.

따라서 〈독립신문〉은 우리 사회에 '민족주의' 또는 '민주주의'가 아닌 '자유주의'를 대중에게 최초로 소개·전파했다고 볼 수 있으며, 또 그렇게 보아야만 〈독립신문〉에 담긴 여러 가지 상호 모순된 내용을 제대로 파악할 수 있다.

제 3 장

한국
자유주의의
내용

1. 자유와 이익

서양의 'freedom' 또는 'liberty' 개념이 동양에 들어오기 전에 그에 상응하는 개념이 동양에 있었을까? 즉 '자유'라는 개념이 원래부터 있었을까? 중국에 '자유自由'라는 말이 있긴 했는데 그것은 서양의 freedom처럼 긍정적 느낌을 주는 말이 아니고 '방종'에 가까운 부정적 의미를 지닌 것이었다고 한다. 즉 나쁜 자유는 있어도 좋은 자유는 없었던 것이다. 자유스러움이라고 하는 것은 동양에서는——근대 이전에는 서양에서도 마찬가지다——생각하기 어려운 것이었다. 공자에게는 심지어 '생각할 자유'도 필요 없는 것이었다. 공자는 "사색은 무익이요 독서만이 유익한 것이니 사람은 선례나 고전을 규범으로 생활해야 하고 그것을 위해서는 독서만이 필요하다"고 했다.[35] 아무도 확인할 수 없는 생각의 자유를 이렇게 묶어놓는 상황에서 어떻게 신체의 자유가 가능할 수 있었겠는가?

그래서 freedom, liberty 개념을 동양이 처음 접했을 때 그 것을 어떻게 번역할 것인지를 고민했을 것이다. 왜냐하면 서 양에서는 분명 그것들을 좋은 의미로 사용했을 것이기 때문 이다. '자유'라는 단어가 주는 나쁜 어감 때문에 중국에서는 초기에 '자립自立', '자주자립', '자중自重' 등으로 번역하여 사 용했다. 그러나 일본에서 1866년부터 liberty를 '자유自由'로 번역하여 사용하고 1872년 밀의《On Liberty》가《자유지리 自由之理》라는 이름으로 번역되면서 '자유'는 널리 퍼졌다. 중 국에서는 1903년 엄복嚴復에 의해 번역되면서 통용되었다.[36] 그러나 중국의 이러한 본래의 자유 개념은 서구 자연권 이론 의 자연 상태에서의 자유와 매우 흡사하다는 점에서 서구의 자유 개념과 크게 다르지 않다고 할 수 있다. 그리고 자립, 자 중 개념에서 자유 개념으로 옮겨온 것은 이러한 자유의 의미 가 결국 이해되었다는 증거일 것이다.

우리나라에서도 자유 개념은 같은 과정을 거쳤는데, 자유 를 강하게 주장하던 박영효는 앞에서도 말했듯이 일본의 후 쿠자와 유키치의 영향을 크게 받았다.[37] 후쿠자와 유키치는 "자유는 자신이 옳다고 생각하는 바를 행할 수 있는 것이며 속박과 굴요屈橈가 없는 것"이라 했고 박영효는 "자유란 그 가 옳다고 생각하는 바를 행하는 것"이라 하여 자유와 의로 움을 연결시키고 있다. 또한 박영효는 모든 백성이 갖는 타고난 자유의 권리를 주장했으며, 백성의 자유가 나라의 부강과 평화를 가져온다고 했다.[38] 박영효가 주장한 천부적 권리로서의 자유, 자유가 결과적으로 나라와 백성에게 평화와 부를 가져다줄 것이라는 공리주의 사상, 야만 상태의 자유와 사회 상태의 자유를 구분하는 계약론적 자유주의는 서구의 자유주의 사상의 진수를 유감 없이 전해주고 있다. 단 자유를 자신이 옳다고 생각하는 바를 행하는 것으로 이해하는 것, 즉 자유를 의로움과 관련지어 보는 것은 여전히, 지나친 자유를 두려워하고, 유교적 '옳음', '의로움義'에서 벗어나지 못하고 있는 중국, 일본에서의 초기 자유 개념의 특징을 보여주는 것이다. 개화론자의 한 사람인 홍영식과 유길준도 마찬가지의 관점을 보여주고 있으며, 〈독립신문〉 역시 "자유라 하는 것은 우리 마음에 있는 욕심대로 하는 것이 아니요 욕심을 능히 어거하야 좋은 일이면 나의 마음대로 하고 그른 일이면 하지 아니하는 것이 실상 자유의 본의"[39]라고 했다.

개화파들이 자유 사상은 받아들이면서도 '의義'를 포기하지 못한 것은 유학이 지배적인 사회에서 자유를 수용할 때의 필연적 과정일 것이다. '의'는 유교에서 절대 포기할 수 없는 귀중한 가치로서 자유가 바로 그러한 의로움을 포함하고 있는 것이라는 해석하에서만 그것이 별 마찰 없이 받아들여질 수 있다. 즉 그들에게는 자유가 긍정적 의미를 가진 것이며 그것이 하나의 '가치'라면 당연히 그 안에 의로움을 포함하고 있어야 하는 것이다.

사실상 자유주의의 핵심은 이익과 행복을 자유롭게 추구하는 주의인데 유학자들은 모두 이것을 부정했다. 맹자는 사람들이 서로 이利를 취하고자 한다면 나라가 위태로울 것이라고 하면서 의義를 먼저 추구해야 한다고 했다.[40] 또한 소옹은 "천하가 다스려지려면 사람들이 틀림없이 의를 숭상하지만, 천하가 어지러워지려면 반드시 사람들이 이를 숭상한다"[41]고 했으며 송나라 때의 유학자 정이는 "사람들은 다 이를 좋고 해를 피할 줄 알지만 성인은 이해를 논하지 않고 오직 의를 보아서 마땅히 하고 마땅히 안 할 뿐이니"[42]라고 했다. 즉 이利는 의義의 대어對語였다.

그러나 동양이 자유주의를 받아들이면서 의義를 포기하지 못할지언정 이利에 대해 재평가를 하지 않을 수 없는 노릇이다. 박영효는 다음과 같은 상소를 올렸다.

만약에 일신의 안락함을 보존할 수 없고, 일신의 자유를 누릴 수 없으며, 개인 소유의 재물을 보존할 수 없게 된다면, 이것은 인생의 대의를 잃는 것이며, 당장의 편안함을 취하려는 입장은 더 이상 가능할 수 없어서 반드시 자유를 보호하려는 입장으로 변화될 것입니다. 그것을 누가 막을 수 있겠습니까? 이전에 미국은, 영국의 가혹한 정치로 인하여 안이한 태도를 바꾸었으며, 드디어는 자유의 나라를 세웠습니다[43]

즉 일신의 안락함, 자유, 재물은 기존 유학에서 소인배나 추구하는 것으로 여겼는데 박영효는 그것이 인생의 대의이며 그것을 위해 사람들이 자유를 보호하려 할 것이라고 충고하고 있다. 〈독립신문〉 역시 이익에 대해 다음과 같이 재평가하고 있다.

우리가 이익이라고 말을 하였는데 조선 사람들이 이 이익 두 자 뜻을 자세히 모를 듯한 고로 우리가 설명하노라. 세계에 이익이란 것이 여러 가지가 있는데 항다반 이익이라고 장사하는 데서 쓰는 것은 이조로 가지고 하는 말이요 또 돈을 들여서 돈 이익을 못 보더라도 그 대신 목숨과 재산을 보존한다든지 높은 명예를 얻는다든지 의리에 옳다든지 나라 명예와 영광에 생각이 있다든지 남을 도와주어 하느님께 옳게 보이는 것이 모두 이익이라. (중략) 나라마다 해륙군과 순검을 크게 배설하야 나라를 방어하고 보호하게 하니 그것도 이익이 있어서 하는 것이요 정부에서 돈을 들여 학교를 배설하는 것도 나라에 후진을 교육시켜 그 후진들이 후일에 학문 있는 백성들이 되어야 나라가 진보하고 부강해갈 터인즉 리가 드리는 돈보다 더 남는 까닭에 나라마다 교육을 힘 쓰는 것이요 국중에 도로를 돈을 들여 수리하고 위생을 돈을 들여 힘쓰며 밤에 도로에 불을 켜 도적과 협잡하는 일이 적게 하며 인민이 왕래하기에 편리케 하는 것이 돈 드리는 이보다는 이익이 더 나는 까닭에….

– 〈독립신문〉 1897년 1월 12일자, 논설

앞의 글은 '이익'과 관련하여 세 가지 의미를 제시하고 있다. 첫째는 장사하면서 벌어들인 이익을 의미하는 것으로, 이 의미가 사람들 사이에 일반적으로 쓰이는 개념임을 암시하고 있다. 이는 양반 사회에서 천시한 상업[44]과 이익 개념이 연관된 것으로 전통적인 의義에 대립되는 소인배들이 추구하는 이익 개념임을 알 수 있다. 그런데 〈독립신문〉은 이러한 이익 개념이 그 의미의 전부가 아니라고 주장하는 것이다. 즉 돈 들여 이익은 못 보더라도 목숨, 재산의 보존, 명예, 의리, 영광, 하느님께 옳게 보이는 것 등을 이익이라고 하고 있다. 이 개념은 기존의 의義에 대치되는 이익 개념에 의로움을 추가하여, 이익 개념을 상업적 이윤에서 도덕적 가치로 승화시키고 있다. 마지막으로 이익에 대해 보이는 새로운 사고는, 교육, 복지, 치안, 형벌 등 전통적으로 의義와 관련된 사업이라고 여겨지는 것은 사실상 이익과 관련된 것이라고 하는 것이다. 즉 이것들은 들이는 돈보다 이익이 더 남는 까닭에 시행한다고 하는 경제주의적 사고를 보여준다.[45] 이는 물론 그 당시 우리나라에서 시급히 처리해야 할 여러 가지 일들에 대해 그 필요성과 당위성을 강조하고자 주장한 것이라는 점을 감안하더라도, 서구 공리주의자들에 의해 쾌락이 모든 도덕의 기초가 되고 계약론자들에 의해 인간들의 안전, 편리가 정부의 기초가 되는, 즉 실리와 도덕이 일치하는 전형적인 자유주의적 발상인 것이다.

만일 서양에서 자유주의가 도덕과 규범의 우위에 반대하여 쾌락 추구와 고통의 회피로 인간 행위를 단순화했다면, 동양의 의義는 바로 규범에, 이利는 쾌락에 대응될 것이다. 왜냐하면 유학에서 이의 추구를 의에 반하는 것으로 꾸준히 경계해왔기 때문이다. 그리고 이때 '쾌락'보다는 '이익'이 자유주의를 더 잘 설명하고 있다고 여겨진다. 사실상 '쾌락'이라는 말은 감각적이고 즉각적인 느낌을 많이 담고 있으므로 항상 좋은 것으로 다가오지는 않는다. 인간은 때로 앞날의 쾌락을 위해 현재의 고생을 참아내기도 하는데 우리는 그것을 결과적으로 '이익'이 되기 때문이라고 설명한다. 사실상 서양의 'pleasure' 개념 역시 만족, 기쁨, 희망, 의지 등 즉각적 쾌락보다는 더 넓은 의미를 갖는다고 할 수 있다. 그러므로 우리에게는 '이익'이라는 개념이 넓은 의미의 쾌락으로서 pleasure 개념에 더 잘 대응된다고 여겨진다.

　이 시기에 이익 개념의 승화와 더불어 그동안 천시되어왔던 상업에 대한 재평가도 이루어졌다. 상업은 사농공상士農工商이라는 말의 순서에서도 알 수 있듯이 유교 사회에서 가장 천한 직업으로 간주되었는데, 그 이유는 상업이 순전히 이익만을 취하는 직업으로 인정되었기 때문일 것이다. 그러나 '이익'이 재평가되면 자연히 상업의 지위도 상승될 수밖에 없다. 이는 또한 당시 개화파들이 시대 변화에 대해 자각했다는 것을 의미한다. 김옥균은 상소문에서 "방금 세계가 상업을 주로 하여 서로 생업生業의 다多를 경競할 시時에”[46]라고 했으며 〈한성순보〉는 일본 천황이 천하의 대세를 일찍 깨달아 안으로는 여러 항구를 열어 무역을 통한다고 했다.[47] 또한 〈독립신문〉은 “시방 천하 형세가 이왕과 달라 조선이 세계 각국과 서로 통상하는 터이니 조칙에 하신 말씀같이 세계 지인이 다 형제라”[48]고 했으며, 나라가 가지고 있는 여러 권리 중에 힘 가진 권리보다 학문과 장사하는 권리를 얻는 나라가 더 대접받는다고 했다.[49] 즉 이들은 상업의 지위를 예전처럼 인식하면 안 된다고 주장한 것이다. 더 나아가 이들은 “상업은 세상에서 가장 민주적인 것”이라고 하면서 “상인은 상품을 군주에게와 마찬가지로 품팔이에게도 기꺼이 팔고자” 하며 “공급은 그것이 누구에게 가는 것이건 상관없이 수요에 맞춘다”고 하여[50] 시장논리도 잘 설명하고 있다.

이들은 정경 분리의 사고도 보여주고 있다. 즉 이들은 국가 간 정치 관계보다도 경제 관계를 중시하여, 현재 조선과 일본은 냉랭한 관계에 있지만, 두 나라의 경제적 이해 관계가 딱 들어맞기 때문에 두 나라의 관계가 아무리 정치적이라 하더라도 경제 관계는 밀접하지 않을 수 없다고 하면서 일본의 공산품과 조선의 농산물 및 자원 간의 교역 등을 예로 들었다. 두 나라는 서로 간에 감정이 좋지 않지만 그렇다고 반드시 상업적 관계에서까지 그럴 필요는 없다는 것이다.[51] 또한 외국 자본의 국내 투자를 위한 노력을 강조하고 있다. 즉 조선에게 요구되는 것은 "깨끗하고 정당한 재정 방침"으로 "이는 신용을 높이고 투자를 가져오며 자본을 끌어들일 것이며 그 결과 외국인이 우리나라의 성공과 번영에 관심을 갖도록 할 것"이라고 하고 있다. 또한 덧붙여, 사람들이 말로는 자유와 진보를 외치지만 실제로는 그러한 것에 관심이 없으며 그것의 성공을 위해 도우려고도 하지 않을 것이고 실제로는 '이 나라에 얼마를 투자하면 자신의 개인적 성공이 될까' 하는 문제에만 관심이 있다고 했다.[52]

2. 생명, 자유, 재산의 권리

서구의 'liberty' 개념과 마찬가지로 'right'라는 개념도 유교적 전통에서는 이해하기 어려운 개념이었을 것이다. 각 개인이 어떤 권리를 갖는다는 것은 유교 문화권에서는 생각하기 어려운 것이었다. 그동안 유교는 민중을 백성, 민民 등으로 뭉뚱그려져서만, 즉 집단으로만 표현해왔지 개개인을 권리를 가진 사람들로 생각하지 않았다. 권력이 행하는 가장 효과적인 배제는 존재를 비존재로 만드는 것이리라. 그러므로 당시에는 right를 권리權利보다는 통의通儀, 권리權理 등으로 번역했는데 통의 개념은 군주와 민民이 각자 자기 직분에 충실해야 한다는 의미를 지닌 것이었다.[53] '권리權利'라는 말은 중국의 고전에서 주로 '이기적인 이익을 추구하는 천한 것', 또는 '권력과 이익'의 부정적 의미를 갖고 있었다고 한다. 그러므로 자유 개념과 같은 과정을 겪을 수밖에 없었던 것이다. 즉 권리 개념이 갖는 부정적 의미 때문에 'right'는 통의로 번역되었던 것이다. 서양에서 'right'는 'liberty'와 마찬가지로 하나의 가치를 갖는 개념인데 자유 개념이 그러했던 것처럼 그것에 의義가 빠질 수는 없다. 그래서 의義를 포함한 통의通義로 불렸을 것이다. 또한 권리權利 개념에는 이利 즉 이익 개념이 포함되어 있어서 더욱 회피했을 것이다. 그러나 자유주의가 이익 개념의 승화를 가져옴과 더불어 '권리權利' 개념도 재평가되었을 것이고 따라서 이후에 'right'는 '권리'로 불렸을 것이다.

그러나 자유 개념이 그러했던 것과 마찬가지로, 애초의 '사적 이익의 추구'라는 의미를 가졌던 중국 고전의 권리 개념이 서구의 right 개념에 더 가깝다고 할 수 있다. 그렇기 때문에 결국 '통의'가 현재에 이르러 'right'를 대표하지 못하고, '권리' 개념이 그 역할을 하게 되었을 것이다. 즉 개념 간의 공존과 경쟁이 지속되는 가운데, 동양 사회는 점차 서구 사상에 대해 제대로 이해하게 되었다고 보아야 할 것이다.

우리나라에서도 박영효, 김옥균 등은 'right'를 '통의'로 사용했다. 그러나 〈독립신문〉에서는 통의보다는 권리 개념이 더 자주 쓰이고 있으며 그 의미도 비교적 서구의 'right' 개넘에 가깝다. 즉 현재 우리가 일반적으로 사용하고 있는 개념, 즉 법이 인정한 활동이나 특정 이익을 주장할 수 있는 법률상의 능력 등의 개념으로 쓰고 있다.[54] 즉 법의 목적은 사람마다 가진 권리를 남에게 뺏기지 않게 하고 또 남의 권리를 아무나 빼앗지 못하게 하기 위함이라는 것이다.[55] 이는 자유주의에서 나타나는, 나의 권리와 남의 권리의 구별, 권리를 서로 뺏거나 뺏기지 말라고 하는, 개인들 간의 갈등 관계를 전제로 하고 있다. 이미 언급했듯이 근대 이전 동양 사회에서는 민民을 상호간 갈등할 수 있는 개인들로 생각하지 않았다. 이는 약자가 무리로서만 표현된다고 하는 이치와 같은 것이다. 즉 유교가 '민民'이라는 집단에 도덕적 가치를 부여해서 그들을 하나로 본 것이 아니라는 것이다. 어쨌든 이 당시 자유주의자들은 그동안 집단으로만 표현되어온 백성을 서로간에 갈등하는 개인들로 봄으로써 자유주의의 주요 내용이라 할 수 있는 원자적 개인주의, 만인 대 만인의 투쟁 가능성을 표현했다고 할 수 있다.

이 시기의 권리 개념을 자유주의적이라고 해석할 수 있는 또 한 가지 요소는 천부인권사상, 즉 하늘이 내려준 인간의 타고난 권리와, 영국의 정치사상가 존 로크의 사상에서 나타난 바와 같이 생명, 자유, 재산에 관한 권리[56]를 제시하고 있는 것이다. 〈독립신문〉은 "백성마다 얼마큼 하느님이 주신 권리가 있는데 그 권리는 아무라도 빼앗지 못하는 권리"[57]라고 했으며 "조선 인민의 목숨과 재산과 자유권"이 "튼튼하게 보전되기를 죽는 날까지라도 빌 터"[58]라고 했다.

존 로크의 저서 〈통치론〉에도 나타나 있듯이, 생명, 재산, 자유의 권리를 주장하는 서구 자유주의 사상의 핵심은 재산권이다.[59] 이는 물론 사회 내에서의 유산자 계급의 부상과 더불어 자본주의적 경제 질서를 수립하기 위해서다. 우리나라의 경우에도 마찬가지라고 볼 수 있지만, 생명의 권리가 서구에서는 가장 기본적이고 원칙적인 측면에서 제시되고 있다고 할 때, 우리의 경우에는 실질적인 이유가 더 크다. 즉 백성들의 생명은 양반들이 언제라도 "네 죄를 네가 알렷다"라는 말 하나로 하찮게 여겨져 죽음까지 당할 수 있는 것이다. 특히 가진 것이 많은 백성은 늘 불안한 마음으로 지내야 한다. 그런데 백성의 생명만 위협받는다면 그렇게까지 생명의 권리가 강조되지 않았을 것이다. 문제는 그러한 생명 위협은 양반이라고 예외가 아니었다는 데 있다.[60] 즉 그들 역시 생명의 권리가 보장되어 있지 않은 상황에서 언제 어떤 누명을 쓰고 형벌에 의해 죽게 될지 몰랐다. 그래서 재판에 의한 처벌을 당시 엘리트였던 개화파들이 자신의 불안정한 정치적 입지를 우려하여 매우 강조하고 있는 것이다.

생명의 권리가 재산의 권리와 연결되어 있고 재산의 권리는 산업의 발달과 관련 있다는 것 역시 시급한 이유였다. 만일 부유한 한 백성이 사또에게 무언가를 바치지 않으면 없는 죄도 만들어져 형벌을 받고 목숨까지 위협받게 될 것이다. 김옥균은 상소를 통해, 중고시대 이전에 중국과 일본보다도 으뜸으로 발달했던 우리나라의 산업이 그 당시에 모두 폐절하게 된 원인을 양반의 신분제도에서 찾았다. 즉 백성이 물화物貨를 하나 제조해내면 양반이 이를 횡탈해가고, 백성이 고통스럽게 노력하여 저축이나마 하면 양반이 이를 약탈해가니 백성이 공업을 생산하는 것도 불가능하고 백성에 의한 자본 축적도 불가능해진다는 것이다. 또한 백성이 자립적 생산을 하여 자립 생활을 하고자 하면 양반 관리가 그 이익을 빼앗아갈 뿐만 아니라 뺏기지 않으려 할 때에는 귀중한 생명까지 잃을 염려가 있어 백성들은 농업, 상업, 공업 등의 산업을 포기하게 되니 마침내 국력이 쇠퇴하게 되었다고 분석하고 있다.[61] 즉 백성들은 자신들의 생명권이 확보되지 않았기 때문에 양반들이 요구하면 재산을 내어줄 수밖에 없으므로, 백성들의 생명권은 그들의 재산권의 전제 조건이 되며 또한 그들의 재산권은 자본주의적 상공업 발달 등 산업 발달의 전제 조건이 된다는 것이다.

3. 자주독립한 사람

독립 개념은 제1장에서 살펴본 바와 같이 그동안 우리가 놓쳐온, 자유주의의 중요한 개념이다. 또한 독립문, 독립협회, 〈독립신문〉에서도 볼 수 있듯이 후기 개화파에게도 독립은 매우 중요한 개념이다. 그러나 여기서 '독립' 개념은 민족주의적 개념이지 자유주의와는 별반 관계가 없다는 주장이 있을 수 있다. 자주독립과 관련하여 부국강병이라는 시대적 요청 아래 중상주의나 국가주의와 더 친화력을 갖는 개념으로 오히려 자유주의와는 상반된 내용을 갖는 것이라 생각할 수 있다. 그러나 〈독립신문〉에서 독립 개념은 개인이 자립하고 경제 생활을 해서 자기 밥벌이를 자기가 한다는 개인적 차원의 개념으로 더 빈번하게 쓰이고 있다. 그러나 이렇게 개인적 차원의 개념으로 쓰인다 하더라도, 그것은 외세의 침입을 앞두고 자주독립과 문명개화가 절실한 우리나라의 특수한 상황에서 백성들의 계몽을 위해 사용된 개념이라는 주장이 있을 수 있다. 그러나 '독립independence' 개념은 서구에서도 역시 개인적, 집단적 차원에서 자립의 의미로 이해할 수 있으므로[62] 독립 개념을 민족적 차원에서만 사용하는 것은 지나치게 협의적인 이해이다. 또한 앞서 언급했듯이 '국가 개입의 축소'라고 하는 자유주의의 내용이 실제 정책 집행과는 다르다고 했을 때, 개인, 자본가 또는 사적 기업이 경제 생활을 자립적으로 할 수 있도록 한다는 의미로서의 '독립' 개념은 '최소 국가'보다 자유주의적 내용에 더 가깝다. 즉 동서고금을 막론하고 '독립'이 자유주의의 주요 내용이 될 수 있다.

우리 사회가 처음 '독립' 개념을 받아들였을 때 그것은 '자유'와 '권리'가 그랬던 것처럼 쉽게 이해되는 개념은 아니었다.[63] '독립'이란 용어가 빈번히 사용되기 시작한 것은 임오군란 이후 청의 개입이 노골화되면서, 그전까지는 친청, 친일과 관계 없이 한 입장을 가졌던 개화파들이 청에 대한 입장을 중심으로 분열되기 시작하면서부터다.[64] 속방屬邦이라는 틀 속에서 자주를 수호하여 나가느냐 아니면 청으로부터 독립하여 자주를 지키느냐 하는 문제로 분열되어, 종래에는 개화냐 수구냐 하는 대립이 이제는 독립이냐 사대냐 하는 축으로 전개되었는데, 이때 독립당이라는 말이 등장했다. 즉 친일적인 개화파[65]는 친청파를 사대당, 수구당, 완고당으로 칭하면서 스스로는 독립당, 개화당, 개혁당으로 자칭하여 서로를 구별했다.[66] 〈독립신문〉은 '독립'을 "남에게 의지 아니한 것"이라 정의하고 있다.[67]

이 당시의 '독립' 개념과 관련하여 학계에 몇 가지 중요한 논의가 있다. 첫째로 개화파와 독립협회의 자주독립 사상을 높이 평가해오던 기존의 연구들은 '독립'의 애국적 정신, 즉 그 이념에만 치중하여 그 개념을 제대로 밝히지 않은 측면이 있다. 그러다가 이들에 대한 비판적 연구 성과들이 나오면서 이 당시 '독립' 개념은 단지 '청국으로부터의 독립'을 의미하는 것에 불과하다는 연구가 나왔다.[68]

> 일본서 두 해 전에 청국과 싸워 이긴 후에 조선이 분명한 독립국이 되었으니 그것 조선 인민이 일본을 대하여 감사한 마음이 있을 터이나
>
> — 〈독립신문〉 1896년 4월 18일자, 논설[69]

위 글을 보면, 〈독립신문〉에서 가장 중시하는 이념인 '독립'이 단지 청일전쟁에서 일본이 승리함으로써 우리나라가 청국의 속국에서 벗어난 것을 축하하는 의미에 지나지 않는다는 것을 알 수 있다. 그러나 당시 독립 개념이 "속방의 지위에서부터 벗어나는 것"을 의미한다고 했을 때, 그때까지 우리나라에게 속방의 지위를 지운 것은 청국밖에 없었으므로 그 당시 '독립'의 구체적 의미는 '청국으로부터의 독립'일 수밖에 없다. 문제의 발생은, 이후의 학자들이 그러한 독립 개념에, 그 이상의 의미와 기대를 부여했기 때문이라고 생각된다. 또 하나는 앞서 살펴보았듯이 독립 개념이 청국의 조선에 대한 간섭이 확대되기 시작하면서 이를 반대하는 주의로 등장했기 때문에, 즉 청국과의 관련 속에서 발생한 개념이기 때문에 〈독립신문〉의 '독립' 개념도 청국이라는 구체적인 국가를 거론하지 않을 수 없으며 또한 반청 입장을 고수

할 수밖에 없었으리라 생각된다. 그리고 또 하나 주목해야
할 것은 〈독립신문〉이 청국에게서 벗어났기 때문에 '독립'이
이루어진 것으로 규정하고는 있지만 그것은 형식적 차원이
고 실질적 차원의 독립이 필요하다는 것을 마찬가지로 강조
하고 있다는 사실이다.[70]

　　그러나 〈독립신문〉에서 '독립'은 국가 차원의 독립보다는
앞서 언급했듯이 사람 차원의 문제로 더 빈번히, 더 비중 있
게 다루어지고 있다.

　　사람마다 무슨 일을 할 줄 알던지 알아 자기 재주를 가지고 벌어 먹어야
　　그 사람이 자주독립한 사람도 되고

　　　　　　　　　　　　　　　　　　　　　– 〈독립신문〉 1896년 9월 15일자, 논설

　　남의 나라 인민들은 국중에 법률이 소상하고 학문이 진보하여 사람마다
　　법률만 범하지 아니하고 자기 힘과 재주가 있으면 벌어 먹고 세상에 자
　　주독립한 백성이 되어 빈부 귀천 간에 사람마다 자기 십상에 자유권을
　　가지고 있으며

　　　　　　　　　　　　　　　　　　　　　– 〈독립신문〉 1897년 6월 10일자, 논설

　　위 글을 보면 자기 힘으로 벌어먹고 사는 사람은 자주독립
한 사람이요, 또한 자유권을 갖는 개인이 된다. 즉 사람 차원,
백성 차원의 자주독립 개념이 자유권 개념의 전제가 된다는

것을 알 수 있다.

'독립'의 뜻으로 "자기가 자기 재주를 가지고 벌어먹는 것", "의지하지 않는 것"이 강조되고 있는 이유는 자본주의적 경제 질서에 가장 저해가 되고 있는 유교적 사고를 물리치기 위한 것으로 보인다. 우선 그동안 동양권 특히 우리나라의 경우 남을 돕는 것은 미덕이었고 따라서 의지하는 것도 악덕이 아니었다. 즉 우리의 문화는 동양권 동부 문화로서 인仁의 문화이고 이것이 긍정적으로 발휘되면 남을 돕는 인도주의 정신으로 발전하지만 부정적으로 표출되면 남의 것을 자신의 것으로 생각하는 의타심으로 발전하게 된다.[71] 우리 사회에서 바로 얼마 전까지만 해도 친척 중에 부자가 하나 있으면 다들 그 집에 가서 무위도식하며 지내는 것이 일반적이었다.

공연히 남의 집에 와서 할 일 없이 먹고 있는 사람들이 많은 까닭이라 (중략) 집사람이라고 무단히 먹고 놀고 있으니 (중략) 이렇게 얻어 먹기가 쉬우니까 세상에 노는 사람이 많이 있고 세상에 노는 사람이 많이 있은즉 생재하는 구석이 적은지라 나라가 자연히 가난해질 것이요 나라가 가난한 것보다 더 큰 해가 이 까닭에 있는 것은 사람들이 모두 남에게 의지할 생각밖에는 없는지라 먹고 사는 것을 다른 사람에 의지하고 있은즉 그 사람이 어찌 자주독립할 마음이 있으리요.

– 〈독립신문〉 1896년 12월 8일자, 논설

사람마다 놀고 있는 사람을 인심 좋은 체하고 먹여 살려주면 얼른 생각하면 그게 매우 후한 듯한 일이여 그러하되 다시 생각하면 그 사람을 아주 잡는 것이라.

– 〈독립신문〉 1896년 12월 8일자, 논설

위 글에서 보이는 바와 같이 〈독립신문〉은 모든 계층을 대상으로 '의존'이 아닌 '독립'의 미덕을 누차 강조하면서, 국민들 마음의 일대 혁신과 개조를 시도하고 있다.[72] 아래의 글은 마치 박정희의 조국 근대화, 새마을운동을 연상시킨다.

이전에 편하던 몸 괴롭게 가지고 이전에 놀던 날 일삼아 주야로 저 부자 사람 재물 모고 몸 닦든 대로 나도 하면 못 될 리가 있으리요 무너진 집 다시 고치고 묵은 밭 다시 긔경하고 못배운 재주 다시 배우고 수족을 놀리지 말며

– 〈독립신문〉 1896년 11월 26일자, 논설

실제로 전통적 유교의 관점은 이와는 전적으로 반대의 입장을 취한다. 전통 유학은 "재물을 늘리는" "훌륭한 방법"이 있는데, "그것을 늘리는 사람은 많고 그것을 소비하는 사람은 적고, 그것을 만드는 사람은 빠르고 그것을 쓰는 사람이 더디면 재물은 항시 넉넉할 것이다"라고 하고 있다.[73] 또한 공자는 "나라나 가문을 지니고 있는 사람은 적은 것을 근심

하지 않고 고르지 않은 것을 근심하며, 가난한 것은 근심하지 않고 불안한 것을 근심한다"고 하면서, "대체로 수입이 고르면 가난함이 없을 것이고, 화평하면 백성이 적을 일이 없을 것이고, 안정하면 나라가 기울어지는 일이 없을 것이다"라 하고 있다.[74] 이 같은 사고는 분명 〈독립신문〉이 제시하는 새로운 자본주의적 인간상과는 극명한 대조를 보인다. 〈독립신문〉에 의하면 정말 나라에 필요한 사람은 벼슬을 하는 사람이 아니라 재물 생길 일을 하는 사람이다.[75] 그러므로 양반은 비판을 가장 많이 받아야 할 대상이 된다.

4. 양반 비판의 이유

대체로 전통적인 유교의 가치관을 가졌고 일을 하거나 기술을 익혀 돈을 벌 필요가 없는 양반들은 근면성과 경쟁심을 강조하는 새로운 자본주의적 가치관과는 거리가 먼 사람들이었으며 따라서 이들은 호된 비판의 대상이 되었다.[76] 남에게 아첨하여 벼슬이나 하려고 하는 사람들은 '자주독립한 사람'이 아니었다. 이들이 지게를 진다든지 일을 하려고 하지 않는 까닭은 '양반의 마음'이 있어서였다. 이렇듯 '양반'은 종종 〈독립신문〉에서 '자주독립한 사람'에 대립되는 개념으로 쓰였다. 이때 '양반'은 하나의 계급을 지칭하는 것에 그치지 않고, 아무 일도 하지 않고 아무런 도움도 되지 않으며 심지어 나라에 해로운 집단으로, 즉 도덕적 비난의 대상의 의미를 갖는다. 〈독립신문〉은 더 나아가 이러한 양반의 마음을 '양반주의yangbanism'라고 이름지었다. 〈독립신문〉은 양반들이 "이기적 행동과 양반주의로 나라의 평화를 어지럽힌다면 그들은 곧 자신들의 어리석음을 깨닫게 될 것이고 또한 그때 후회하기에는 너무 늦을 것이다"라고 했다.[77]

여기서 한 가지 의문이 생기는데 왜 양반의 생각을 '보수주의'라 하지 않고 굳이 '양반주의'라 하여 양반들을 비판했을까? 그것은 앞서 언급했듯이 '양반' 개념을 하나의 계층을 지칭하는 일반 개념에서 도덕적 가치 판단의 문제가 개입되는 비판적인 개념으로 사용하고자 했기 때문일 것이다. 또한 〈독립신문〉이 수구파 또는 보수주의에 대해 무조건적으로 비판하지 않았기 때문일 것이다. 오히려 〈독립신문〉은 "애국심, 모국어에 대한 애착, 혈족애"와 같은 '보수적 성향'에 대해 "대체로 가장 훌륭한 인간의 품성들"이라 하고 있다.[78] 또한 "정직한 보수주의라는 것도 존재하거니와 보수주의자들 중에도 정부의 모든 관직을 채울, 죄를 짓지 않은 사람들이 충분히 있다"고 했다.[79] 이 같은 글들은 보수주의를 일정한 상층 계급에서 보이는 품위 있는 덕성으로 보며 이를 높이 평가하는 것으로, 이들이 갖고 있는 엘리트주의와도 일치한다.

양반이 비판받는 두 번째 이유는, 앞서 살펴본 바와 같이 이들이 새로운 자유주의적 근대 사회에서 전혀 소용이 없는, 일하지 않는 사람들이라고 하는 것 외에도 일하는 사람들, 또는 재물을 모으는 사람들의 의욕을 꺾고 있기 때문이다.[80] 〈독립신문〉은 우선 정부는 백성이 적법하게 번 자신의 재산을 안전하게 지킬 수 있도록 보장해주어야 할 것이고 그렇게 되면 백성은 자신의 사업을 확장하려 할 것이라고 하면서, 이것이 이루어지지 않고 있는 이유는 관원의 강제적 세금 징수 때문이라고 했다.[81] 이 같은 주장은 김옥균 등 개화파들이 일관되게 주장해온 자본주의적 경제 질서 수립을 위한 가장 기본적 조처를 계속해서 관철하고자 하는 것이다. 그럴 수밖에 없었던 것이 지방의 경우 이러한 잘못된 관행이 계속되고 있었기 때문이다. 〈독립신문〉은 "양반은 이제 더 이상 백성으로부터 세금을 걷을 권리가 없어졌는데도" 불구하고 지방의 경우 백성들은 여전히 세금을 내고 있다고 했다. 그러면서 "만일 이 같은 관행(세금 걷는 관행)이 부활한다면 사람들 마음에 일대 혼란이 일어날 것이며 기본 식량의 가격은 날마다 올라갈 것이다. 왜냐하면 쌀 상인이 세금으로 내는 만큼 소비자에게서 더 많은 돈을 받을 것이기 때문이다"라 하고 있다.[82] 이 같은 주장을 보면 〈독립신문〉은 양반들의 세금 징수 관행이 경제 질서를 흐트러뜨리고 백성들의 불만을 사기 때문에 강력히 반대하고 있음을 알 수 있다.

이들이 양반들을 비판하는 세 번째 이유는 기존의 신분 질서를 새로운 질서로 재편함으로써 자신들이 권력으로 편입할 수 있는 새로운 기회를 가질 수 있기 때문이다. 대체로 〈독립신문〉을 만들고 독립협회에 주도적으로 참여한 후기 개화파의 경우 전기 개화파에 비해 신분적으로 좀 더 낮은 계층이 많았다.[83] 서재필의 부친은 양반이긴 했으나 벼슬을 하지 않았고 윤치호의 부친은 토포사討捕使를 역임한 무관이었다. 또한 서재필과 윤치호는 해외 유학파라는 공통점이 있었다. 주진오에 의하면 독립협회의 상당수가 중인 계급으로 이들의 특징은 대체로 권세가의 집사 출신으로 세력가들과의 친밀한 관계를 통해 중앙 관서의 서리로 진출했다고 한다. 이들은 실무적 행정 업무면에서 양반들보다 나았으며 신분제가 무너져가면서 새로운 지배 세력으로 편입될 준비가 되어 있었다. 그러므로 독립협회 내의 중인이나 문벌 낮은 양반 출신들이 더 적극적으로 양반을 비판했을 것이고, 그 이유는 신분적 제한이 철폐되었을 때 가장 먼저 혜택을 보는 사람이 바로 이들일 것이기 때문이다.[84]

이 장에서는 한국의 초기 자유주의의 내용이 구체적으로 무엇이었는지, 특히 〈독립신문〉을 통해 살펴보았다. 그 내용은 그동안 유교에 의해 경시되었던 이익 개념과 상업에 대한 재평가, 개인의 생명권, 재산권, 자유권 강조, 경제적 독립의 강조였다. 또한 이들이 양반을 비판하는 이유 역시 이러한 자유주의적 동기에 의한 것임을 살펴보았다. 그렇다면 이러한 자유주의적 내용들은 어떠한 방향으로 전개되어갔을까?

제 4 장

자유주의가
친제국주의가
된 까닭

1. 자유주의와 제국주의

이제까지 살펴본 바와 같이 19세기 말에 개화파는 우리 사회에 잘 알려져 있지 않은 자유주의 사상을 본격적으로 소개하고 전파하려고 노력했다. 그리고 그것에 기반한 새로운 사회를 건설하고자 했다. 그러나 후에 이들 대부분은 친일 인사로 돌아섰다. 어떤 인사는 자유주의 사상을 전파할 때부터 친일적 의도를 갖고 있기도 했다. 즉 쉽게 제국주의를 침투시키기 위해 자유주의 사상을 전파하기도 했다. 예를 들어, 박영효는 매우 획기적이고 근대적인 자유 개념을 피력했으나 합방 이후 일본 황실이 제정한 조선귀족령에 의해 최고위 작위를 받은 뒤 조선귀족회장, 조선총독부 중추원 고문, 중추원 부의장, 식산은행 이사, 금융제도 조사회위원, 귀족원 의원 등을 역임함으로써 대표적인 친일파로 여생을 마감했다.[85] 그렇다면 그의 자유주의 사상과 친일 행적은 어떠한 상관 관계가 있는가?

박영효는 앞서 언급한 바와 같이 후쿠자와 유키치의 사상에 영향을 받았다. 후쿠자와 유키치는 민권을 주장하면서 동시에 조선에 대해서는 일본의 내정간섭, 더 나아가 조선의 보호국화를 외쳤다. 그러면서 일본에 온 조선 유학생들에게 조국의 군주권 부정의 논리를 가르쳤다.[86] 실제로 급진개화파들이 백성의 자유, 민권 신장, 군주권 제한 등을 주장했으며 고종에게서 그러한 개혁의 가능성을 보지 못하자 일본과 같은 이미 문명화된 나라의 지배를 받는 편이 더 낫다고 생각했다. 급진개화파에 비판적이던 윤치호마저도 인도를 예로 들면서 학정보다는 문명국의 식민지가 되는 편이 낫다고 하며 또한 자신은 조선의 앞날을 위해서 일본이 승리하기를 바란다고 했다.[87] 우리나라에서 자유주의와 민권 이론의 시작이 이렇듯 친일, 제국주의의 쌍생아로서 출발했다는 사실은 참으로 비극이 아닐 수 없다.

그러나 다른 한편으로 생각해보면 자유주의는 그 논리적 특성상 통치 주체가 누구이든 국적이 무엇이든 간에 크게 중요하지 않다. 단지 그것이 자본의 운동이나 개인의 자유에 걸림돌이 될 경우 반대하여 저항하는 것이 자유주의의 특징이요, 이념이다. 또한 자유주의는 무한경쟁, 적자생존의 원리 등으로 제국주의와 친화력을 갖는다. 그러므로 이들이 꼭 친일파였기 때문이라기보다는 이들이 갖는 자유주의 이념

자체에 친일, 제국주의의 맹아가 이미 있었으므로 그들이 친일로 돌아섰다고 볼 수 있다. 즉 자유주의자들이 친일로 가는 것은 어떤 면에서는 매우 자연스러운 일인 것이다.[88] 그러므로 이들 사상에 대한 비판은 이들이 친일을 했다는 '결과적' 이유만으로는 불충분하며 이들의 논리가 내재적으로 갖고 있는 사상을 분석함으로써 충분히 비판받을 만하다는 것을 보여주어야만 한다.

서구 자유주의 역시 제국주의의 길을 걸었다. 근대 이후, 수동적 존재에 불과했던 '신민'들은 역사의 변화와 더불어 자신들이 이성을 갖고 있으며 자신의 운명을 스스로 개척해나가는 존재라는 것을 발견했다. 더 이상 그들은 주어진 운명의 수레바퀴 속에서 매일 매일 똑같은 일상을 살아가는 순환적 시간 속에 사는 존재가 아니었다. 그전에 그들에게는 진보라는 개념도 없었고 심지어 '미래'도 없었다. 그러다 과학의 발전, 산업혁명, 부의 축적과 더불어 무한한 능력과 이성을 가진 '인간'이 발견되었다. 각각의 인간, 즉 개인이 이성적 존재로서 자체의 본성을 억압받지 않고 그대로 발휘한다면 자연적으로 조화로운 사회와 진보하는 역사를 이룰 수 있는 것이었다. 이렇게 하여 '인간', '개인', '자유', '진보'가 등장하게 되었다. 이것이 자유주의의 내용이다.

다른 한편, 이러한 인간 이성과 진보에 대한 믿음은 이성과 반이성, 진보와 후퇴, 문명과 야만이라고 하는 기준으로,

더 나은 인간과 그렇지 못한 인간, 더 나은 사회와 그렇지 못한 사회를 구분하게 했으며 전자의 후자에 대한 '가르침', 즉 정복을 정당화했다. 또한 앞서 살펴본 바와 같이 자유주의적 자유는 약자에 대한 강자의 지배를 정당화했다. 영국의 정치 사상가 이사야 벌린Isaiah Berlin에 의하면, '소극적 자유' 개념은 약자에 대한 강자의 지배를 지지하게 되며 그 예로 사회 진화론을 들 수 있다고 했다.[89] '인간의 권리'에서 '인간men'은 전 인류가 아닌 백인, 그중에서도 남성을 의미했으며 '개인의 자유'에서 '개인'은 우수한 개인을 의미했다. 인간은 자연을, 남성은 여성을, 백인은 흑인을 지배할 권리를 가지며, 따라서 인간, 개인은 백인 남성을 의미했다. 이렇게 자유주의와 제국주의는 양립했으며 시기적으로도 동시대의 산물이었다.

결국 자유주의는 논리 전개상 제국주의와 친화력을 갖는다. 실제로 미국 자유주의는 사회진화론의 영향을 받았으며 자신들이 선택되었다는 선민의식을 가졌고, 일본 자유주의자들은 일본이 아시아에서 중심이 되어야 한다는 '아시아연대론'을 주장했다.[90] 최근 제국주의적 침략을 미화해 기술하여 문제가 되고 있는 일본 역사교과서 왜곡 문제는 자유주의사관연구회라는 단체의 주도로 행해졌으며[91], 이는 이익 추구, 경쟁을 자연스러운 질서로 정당화하고 공동체적 규범보다는 개인주의적 자유를 우선하는 자유주의의 부활, 즉 신자유주의의 세계적 우위의 결과이기도 하다. 이렇듯 자유주의의 이익 추구의 자유, 경쟁적 질서의 강조는 적자 생존의 논리로 나아가므로 사회진화론과도 가깝고, 사회진화론은 인종주의, 나치즘과 같은 극우민족주의를 정당화하기도 한다.

그런데 문제는 강대국이 아닌 19세기 말 조선과 같은 약소국에서조차도 자유주의는 제국주의로 나아갔다는 점이다. 물론 모든 개화파가 그렇게 되었다는 의미는 아니다. 그러나 앞서 살펴본 바와 같이 자유주의 사상 내부에 제국주의와 친화력을 갖는 측면이 있다고 할 때 한국의 자유주의자들이 제국주의로 나아간 것은 자연스러운 귀결이라 할 수 있다.

2. 이익 추구와 경쟁심 강조

제국주의로 발전하는 자유주의 사상의 주 요소 중 하나는 주어진 규범을 부정하고 개인의 쾌락과 이익만을 인정하는 점이다. 홉스의 자연권 사상에 의하면 인간은 이전의 기독교적이고 규범적인 사고에서 벗어나 오로지 자기보존 본능만을 갖는 존재이며 국가나 사회는 그러한 본능을 추구함으로써 발생하는 것이라 한다. 자유주의 2세대라 할 수 있는 벤덤에 의하면 인간 행위는 도덕과 규범에 의해 비롯되는 것이 아니며, 인간은 오로지 쾌락을 추구하고 고통을 회피하는 존재이다. 신자유주의자인 노직 역시, 존재하지도 않는 사회의 이름으로 개인을 억압하지 말라고 주장한다. 일본의 자유주의사관 지지자들은 반전평화 이념, 마르크스 이념에 반대하고 도덕과 이데올로기에서의 자유를 추구하며 그들 침략의 역사를 강자의 지배로서 정당하게 묘사하고 있다.

개화파 역시 기존 규범이라 할 수 있는 유교를 부정하고 이익 추구의 중요성을 인식시키고자 노력했다. 유교는 다른 어떤 사상보다도 이익 추구를 천시하고 의義와 예禮를 중시하는 규범적인 이데올로기라 할 수 있다. 19세기 말 개화파는 이러한 유교에 반발하면서 등장했고, 유교야말로 나라를 망친 주범이라고 생각했다. 갑신정변 7조는 양반 문화 제도인 규장각 제도를 폐지할 것을 건의하고 있으며 〈독립신문〉은 시종일관 유교를 비판하는 사설을 싣고 있다.[92]

그들에게는 조국도 이익보다 중요한 것이 아니었다. 물론 그들은 나라의 자주독립, 애국심을 강조하지만 그것은 어디까지나 나라의 개혁이 가능한 한에서이지 만일 그렇지 않다면 차라리 타국의 지배를 받는 편이 낫다고 생각했다. 윤치호는 조선의 자체 개혁이나 혁명은 불가능하다고 생각했으며 나아가 평화적이고 자주적인 개혁이 이루어지지 못할 경우 문명국 지배 아래서의 개혁까지 생각하고 있었다. 즉 당시 조선의 상황에서는 현상 유지나 청국의 지배보다는 영국과 러시아의 지배, 특히 영국의 지배가 더 낫다고 보았다.[93] 고국 개념의 약화는 다음의 글에서도 볼 수 있다.

> 조선은 미국보다 살기에 결코 덜 좋지 않다. 흙은 비옥하고 기후도 완벽하다. 유일한 단점은 미국보다 더 멀다는 것이지만, 싼 노동력과 싼 땅값이 이를 충분히 보상할 것이다 (중략) 우리는 단지 세계의 활력 있고 근면한 시민들에게 사실을 알려주고 이곳으로 와서 조선을 그들의 고국으로 삼으라고 초대하는 것이다.[94]

이들에게는 국적이라는 공통점보다 다른 공통점이 더 중요했다. 예를 들면, 이들은 같은 계급이라는 공통점이 더 중요하다고 주장하고 있다.[95] 즉 "인간적 동포애가 국민적 동포애보다 더 강한 것"으로, "교육받고 교양 있는 영국 신사와 그러한 독일 신사 사이의 공통점이, 영국과 독일 내의 상층계급과 하층계급 간의 공통점보다 더 많은 것"이라고 했다. 또한 "전쟁 등으로 방해받지 않는 한, 문명은 서로 뭉치도록 하지 나누어지게 하지 않으며 그것은 공통의 감정과 공통 이익의 원천을 제공한다"고 했다.[96] 이 같은 생각은 동학, 의병보다 국내에 주둔한 외국 군사들을 더 신뢰하는 그들의 태도에서도 드러난다.

자유주의에서 기존 규범의 부정과 더불어 이익 추구의 자유가 주장된다고 한다면 이러한 논리의 자연스러운 귀결은 경쟁적 질서이며, 이는 자본주의 시장경제 질서의 전제이기도 하다. 19세기 한국 자유주의자들 역시 경쟁심의 중요성을 강조했다. 그들은 조선인들이 이제까지 갖고 있던 사고방식으로는 도저히 세계에서 살아남을 수 없으며 근면하게 일하여 부를 창출하는 근대 자본주의적 인간이 되어야 경쟁하는 세계 경제에서 살아남을 수 있다고 주장하고 있다. 다음의 글들은 그러한 사고를 잘 보여준다.

> 이제 조선은 주변의 다른 국민들과 점점 더 경쟁을 해야 하게 됨에 따라 다음의 두 가지 중 하나의 결과를 맞이하게 될 것이다. 즉 조선인들이 보다 근면해지거나 아니면 낙오되거나이다.[97]

> 학도들을 권면하여 가라대 세상에 사람이 살려면 승벽이 있어야 그 사람이 언제든지 남보다 나가는 때가 있는지라. 오늘 달음박질 내기하는 것이 경계가 세계에서 사는 경계와 같은지라. 누구든지 힘을 다하여 달음질을 하여 기어이 붉은 기 먼저 얻으려 하는 사람은 세상에 남에게 지지 아니 하려는 것을 보이는 것이요 (중략) 이 승벽을 가지고 백사를 행하면 언제든지 이기는 때가 있으리라 하며
>
> — 〈독립신문〉 1897년 4월 15일자, 논설

바로 위의 글은 이완용이 경성학당 운동회에서 학생들에게 펼친 연설이다. 그는 오늘날의 세상을 살아가려면 승벽,

즉 이기고자 하는 경쟁심이 있어야 하며 세상에서 사는 이치가 달리기하는 이치와 마찬가지라고 말하고 있다. 이 글은 오늘날 전지구적 자본주의적 관점에서 보아도 자연스러울 정도로 현대적이며, 이는 근대 자유주의와 현대 신자유주의가 본질적으로 같은 내용을 공유하고 있음을 알려준다. 또한 대표적 친일파인 이완용이 이렇듯 세상 사는 이치로서 경쟁심을 강조했다는 것은 매우 시사적이다. 이는 자유주의 또는 신자유주의적 사고가 곧바로 식민주의적 사고, 제국주의적 사고로도 통할 수 있음을 알려주는 것이다.

경쟁의 강조가 식민주의로 귀결되는 것은 경쟁적 질서에서 패배자는 진 것이므로 그 결과를 겸허하게 받아들여야 한다고 결론짓기 때문이다. 또한 외국의 압제나 멸시는 그것을 받는 국민의 책임으로 돌려진다.[98] 윤치호는 다음과 같이 쓰고 있다.

내가 해야 할 일은 나의 최선을 다하여 조선이 적자로서 생존하게 하는 것이다. 만일 조선이 공정한 생존 경쟁에서 살아남지 못한다면, 조선이 적자로서 생존할 능력이 없음을 보여주는 것이다.[99]

이처럼 경쟁 논리를 강조하게 되면 생존 경쟁에서의 패배는 능력 없음으로 받아들여지며 적자생존의 논리 등 사회진화론, 인종주의, 제국주의 사상으로 발전한다.

3. 사회진화론과 개화

사회진화론은 앞서 살펴보았듯이 자유주의의 자연스러운 논리적 귀결이다. 시기적으로 볼 때도 자유주의 사상이 꽃피울 당시 서구에서는 사회진화론과 인종주의가 대세를 이루고 있었다. 사회진화론이 동아시아 3국 가운데 가장 먼저 나타난 곳은 일본이었으며 19세기 말 일본 출판계에서 가장 많이 번역되었던 것은 영국의 철학자 허버트 스펜서Herbert Spencer의 저서를 비롯한 사회진화론과 관계된 서적이었다. 그리고 그 당시 서구 문물을 접하고 서구 사상을 수용한 개화파들 역시 이 이론을 자연스럽게 받아들였다. 한국에는 사회진화론이 1880년대 말에 수용되기 시작했는데, 특히 〈독립신문〉을 통해 몇몇 지식인들과 미국인 선교사들이 이 이론을 대중에게 소개하고 확산시켰다.[100]

가장 먼저 진화론을 습득한 이는 유길준이었던 것으로 알려져 있다.[101] 유길준은, "개화하는 자는 천사千事와 만물萬物을 궁구窮究하며 경영經營하야 일신日新하고 우일신又日新하기를 기약하나니"[102]라 하여, 끊임없이 새롭게 하도록 노력해야 된다고 말했다. 그는 역사와 문화의 발전에는 미개화, 반개화, 개화의 세 단계가 있다고 전제하고 조선은 반개화 단계라고 하며[103], 미개한 상태에서 야만적인 생활을 하던 사회도 점차로 발달하여 개화한다고 말하고 있다. 여기에서의 개화는 진화 또는 진보와 같은 뜻으로 사용되고 있다.[104] 사회를 진보 발전케 하는 것이 개화로서[105], 윤치호 역시 야만(미개)-반문명(반개화)-문명(개화)의 단계로 역사가 발전한다고 생각한 것이다.[106]

이러한 등급 나누기는 진화, 진보 개념에 필수적 요소이자, 근대 권력의 효율적인 통제 수단이다.[107] 이런 분류는 구체적인 상이나 벌 없이도 개인들을 상위 등급으로 올라가도록 부단히 노력하게 함으로써 개인의 행동을 효과적으로 통제할 수 있는 수단이 된다. 학생들은 더 고학년으로 올라가야 하기 때문에 열심히 공부하며 직장에서 직원들은 더 나은 직위로 승진하기 위해 열심히 일한다. 〈독립신문〉에서도 등급은 국가 수준뿐 아니라 개인 수준에서도 나타나며 이는 개인으로 하여금 부단히 노력하고 노동하게 함으로써 자본주의적 또는 자유주의적 세계에 맞는 인간이 되도록 권하고 있다.[108] 그러므로 자유주의, 사회진화론은 각각 개인적, 민족적 수준에서의 등급 매기기를 통해 부단히 진보하도록 강요하며 이 같은 경쟁에서 패배할 경우 지배를 받는 것을 당연한 결과로 받아들이게 한다.

개화파의 '개화'라는 의미 자체가 어찌 보면 이 당시 사회진화론의 '진화'와 같은 의미라고 할 수 있다. 〈독립신문〉 광무 3년 9월 5일자 '두 가지 힘'이라는 논설에 의하면, 개화는 자연적인 힘과 사회적 힘으로 인하여 일어나는데, 자연적인 힘이란 각 지방의 기후와 토지의 비옥도를 의미하는 것으로 이것이 인종과 물종의 번영, 농산업의 풍요, 풍속의 차이에 결정적인 영향을 미친다고 한다. 그리하여 높고 마른 땅에 사는 사람은 유리한 자연 조건 탓에 신체도 건강하고 지식도 발달하게 되며 개화에 힘쓰는 반면, 열대와 같이 불리한 자연 조건에서는 이러한 불리함을 피하여 방비하며 다른 나라와 교통해서 개명해야 한다고 주장한다. 사회적 힘이란 여러 사람의 협력으로 지혜가 점점 늘어 사회를 일으키는 것으로, 자연적 조건을 극복하고 사회적 힘을 통하면 진보를 이루어 문명국이 될 수 있는 것으로 보았다.[109] 이렇게 볼 때 개화는 진화와 거의 동일한 의미로 사용되었다는 것을 알 수 있다.

여러 다른 언급을 종합해보면 개화는 진화라는 의미 외에, 문명화, 서구화를 의미하기도 한다. 〈황성신문〉은 '개화'가 '개물성무 화민성속開物成務 化民成俗'의 머리 글자를 딴 것으로 규정하여, 개화가 서양을 의지하고 사모하는 것만이 아니라 유교의 전통에서도 개화가 있었다고 주장[110]하고 있지만 다른 개념들을 보면 '개화'는 물질적 풍요와 합리적 원칙이라고 하는 서구적 가치이자 자본주의의 기본 전제가 되는 개념이 분명하다. 그 당시 실생활을 봐도 개화는 개화장開化杖 등 주로 서구 문물을 지칭하는 데 쓰였다.[111] 〈독립신문〉은 "개화라 하는 것은 다른 것이 아니라 전국 인민이 층등 없이 정부 은택을 입게 마련한 것인즉 공평 이것이 개화 근본인

줄로"[112] 생각한다 하고, "개화란 말은 아무것도 모르는 소견이 열려 이치를 가지고 일을 생각하여 실상대로 만사를 행한 자라는 뜻이라"[113] 하고 있다. 이러한 언급은 서구의 합리적 원칙을 개화 개념으로 소개한 것이라 할 수 있다. 또한 〈독립신문〉 국영문을 대조해보면 '문명civilization'에 해당하는 그 당시 우리말이 개화라고 볼 수 있는데[114], 문명의 정의 중 중요한 부분은 물질적 풍요이다. 당시 자유주의자들이 개인의 경제적 자립을 최우선시한 것과 마찬가지로 경제적으로 풍요로운 사회를 문명화된 사회로 그리고 있으며 그러한 사회가 바로 서구 사회로 묘사되고 있다.[115]

실제로 개화파의 서구화 주장은 지나칠 정도로 맹목적이기까지 했다. 그들은 조선인이 외양, 학문, 행동이 서양 사람과 같아지도록 힘써서 조선이 영국, 프랑스, 독일처럼 되게 하자고 했다. 심지어는 모든 생활을 서양인들처럼 해야 한다고 주장하고 있다. 즉 무명옷을 입지 말고 모직과 비단을 입고, 김치와 밥 대신 고기와 빵을 권하고 있다.

조선 학도들은 이왕 조선에 찌든 학문은 다 내어버리고 마음을 정직하고 굳세게 먹어 태서 각국 사람들과 같이 되기를 힘쓰되 다만 외양만 같을 뿐 아니라 학문과 지식과 행신하는 법이 그 사람네들과 같이 되면 조선은 자연히 아세아 속 영길리나 불란서나 독일이 될 터이니

– 〈독립신문〉 1896년 10월 8일자, 논설

조선 병을 고치려면 인민이 아무쪼록 외국116 사람 모양으로 학문을 배우고 외국 사람 모양으로 생각을 하며 외국 모양으로 행실을 하여 조선 사람들이 외국 사람들과 같이 되기를 주장하여 일을 할 터인데

– 〈독립신문〉 1897년 2월 13일자, 논설

조선이 강하고 부요하고 관민이 외국에 대접을 받으려면 이 사람들이 새 학문을 배워 구습을 버리고 개화한 국 백성과 같이 되어야 (중략) 백성이 무명 옷을 아니 입고 모직과 비단을 입게 되며 김치와 밥을 버리고 우륙과 브레드를 먹게 되며 말총으로 얽은 그물을 머리에 동이지 아니하고 남에게 잡혀 끄드리기 쉬운 상투를 없애고 세계 각국 인민과 같이 머리부터 우선 자유를 하게 될 터이요.

– 〈독립신문〉 1896년 10월 10일자, 논설

개화파는 이렇듯 지나칠 정도로 서구화를 지향하고 있다. 심지어 쌀 재배는 수고와 손길이 많이 들어가므로 밀 재배를 제안하고 있는데, 밀이 영양도 많고 기계로도 경작이 가능하기 때문이라는 것이다.117 이러한 전통적인 것에 대한 무조건적 부정은 쌀농사, 의복, 식생활뿐 아니라 난방, 침 놓는 것 등 다른 여러 가지 생활 방식에 대해서도 마찬가지이다.118 이렇듯 개화파들의 궁극적 목표는 완전한 서양화에 있었다.119

4. 기독교의 수용과 전파

개화파의 궁극적 목표가 서양화였다고 할 때 이들이 서양의 정신인 기독교를 받아들여야 한다고 생각한 것은 당연하다.[120] 윤치호는 조선이 문명화되고 국제 사회에서 적자로서 생존하기 위해서 기독교가 중요한 역할을 할 수 있으리라고 보았으므로 기독교야말로 조선의 구제이며 희망이라고 주장했다.[121] 이유는 그들이 생각하는 '일등 국가'들이 모두 기독교 국가이기 때문이다. 즉 "구라파 안에 제 일등 각국들은 다 성교(기독교—필자)를 하는 나라들"[122]이고 "그리스도의 교를 착실히 하는 나라들은 지금 세계에 제일 강하고 제일 부요하고 제일 문명하고 제일 개화가 되어 하느님의 큰 복음을 입고 살더라"[123]고 판단했다. 〈독립신문〉은 특히 기독교를 다른 종교들과 비교하면서 마호메트교는 여자를 많이 거느린다는 이유로, 불교는 우상을 섬긴다는 이유로 비판하고 있으며 유교는 종교로 보기 어렵다[124]고 했다. 또한 유교의 인의예지, 충효, 신의와 불교의 자비심이라는 것은 외국의 문명된 교와는 감히 비교할 수가 없다고 했다.

이렇게 문명화되고 강한 국가들이 기독교를 믿고 있어서 우리의 정신적 대안으로 기독교를 생각했다 하더라도, 개화파의 기독교 사랑은 다른 동양 국가들에 비해 유난스럽다고 할 수 있다. 지금도 일본이나 중국에 비해 우리나라에서 기독교의 세력은 매우 크다. 또 수용 당시에도 다른 동양 국가에 비해 매우 적극적이었다. 즉 우리나라의 기독교 도입은 중국과는 판이하게 자발적으로 이루어졌다. 중국에 와서 전도하던 제수이트파 천주교 선교사들은 중국인들에게 기독교를 전파하는 데 온갖 노력을 다했지만 그다지 큰 성과를 올리지 못했다. 그러다가 18세기에 뜻밖에도 이웃 나라인 한국인들이 중국인들을 위해 만든 기독교 문헌들을 우연히 얻어 읽고서 자발적으로 기독교를 받아들여 그중 일부 지식인들은 한반도 안에서 스스로 기독교인이 되었다. 한국 기독교인들은 이렇게 기독교를 자의로 선택하여 자기들의 종교로 삼았으며 이런 소식을 들은 외국 선교사들은 매우 놀랐다고 한다. 즉 초기에 우리나라 기독교는 선교사의 영향 없이 자발적으로 생겨난 것이다.[125]

이렇듯 개화파는 기독교를 자발적으로 수용했고 그것의 홍보와 전파에도 매우 적극적이었다. 이들이 기독교를 찬양한 이유는 일등 국가들이 기독교를 믿는다는 것 외에도 기독교는 하느님 앞에 만민이 평등하다는 것을 주장한다는 것[126], 세계 곳곳에 학교와 병원을 세우는 등 유익한 사업을 많이 벌이고 자선을 많이 베푼다는 것[127] 때문이었다. 그러므로 이들은 선교사들의 활동도 매우 유익하고 올바른 것으로 생각하고 있었다. 이들은 선교사들이 물질적인 도움을 주는 것 외에 대중들의 도덕심도 일깨웠다고 보았다. 즉 "외국 선교사들 까닭에 성교를 배우는 사람들이 많이 생겨 그른 일이 언짢은 줄 알고 옳은 일이 좋은 줄로 아는 인민이 국중에 몇천 명이 생겼으니"[128]라 적고 있다.

그러나 전복회에 의하면 이 당시 기독교 역시 사회진화론적 성격을 띠고 있었다. 당시 선풍을 일으킨 성직자였던 R. J. 스트롱에 의하면 앵글로색슨족은 생물학적으로 우월할 뿐만 아니라 신이 선택한 민족이며 신의 도구로서 미국 역시 이들에 의해 선택된 것이다. 그리고 인디언과 저가치의 종족들은 단지 뒤에 올 유능한 인종을 위해 길을 닦는 역할을 담당하는 것이라고 하여 앵글로색슨족의 선교의 사명을 역설했다. 이는 1890년 중반 미국의 경제적 팽창 정책과 부합한 것으로, 미국 해외선교회는 우선 저개발국의 개혁에 참여하여 그 나라를 미국식으로 개조시키고, 그러한 개혁은 다시 기독교와 밀접하게 연관되어 신자들을 재생산했다.[129] 나아가 이들은 미국 자본가들에게 직접적인 경제적 이익을 제공하는 역할도 했다. 알렌과 언더우드 선교사 등은 적극적으로 광산 채굴권과 철도 부설권을 미국 자본가들에게 얻어주었다. 언더우드는 "통상과 선교가 손을 잡고 신의 나라를 전진시켜 평화의 왕 그리스도의 가르침을 보급한다"고 주장하면서 약품과 농기구 등을 선전하고 직접 판매까지 했다.[130]

개화파가 기독교 수용과 관련된 문제 중 하나는 이러한 사회진화론적 기독교관을 그대로 수용하고 있다는 것이다.

이 우주의 창조자는 이 쓸모없는 계곡들과 그 속의 광물자원을 활용하지 않은 채로 남겨둘 생각이 없으셨다. 그것들은 인류를 위해 보존되어 온 것이므로 누가 활용하든 그 풍부함과 유익함을 세상에 가져다 준다면 인류에게 좋은 것이다.[131]

또한 지배국은 종속국의 선생이며, "모든 인종의 궁극적인 개선은 신의 섭리의 목표이다"라고 했다.[132]

오늘 빅토리아 폐하가 거느린 신민이 사억이백오십일만사천구백이십오 명인즉 세계 인구 백 분지 이십구 분이요 차지한 땅이 영리로 일천일백 삼십구만구천삼백십륙 방리인즉 세계에 있는 지면 백 분지 이십칠 분일 영길리 백성과 영길리 땅이 세계에 다 있어 영길리 국기에는 해 질 데가 없다고 하는지라. 오늘날 세계에 강하기도 제일이요 부요하기도 제일이라. 다만 이뿐이 아니라 영국 사람은 세계 각국이 다 높여주고 대접하는 것이 영국 사람 첫놋코는 자기 몸을 점잖히 가지지 아니하는 사람이 없으며 자기의 자유권과 자기의 독립권을 추호라도 뺏기지 아니하며 세계에 다니며 자유권을 가르치는 선생이 되었는지라. 영국이 육십 년 안에 각국과 싸움하기를 서른여덟 번을 하였는데 서른여덟 번을 다 이겼으며 해마다 영국 국기를 야만국에들 꽂아 지금 아프리카 속에 있는 요지는 거진 다 영국 물건이니 (중략) 우리도 영길리 친구로 그 노래에 하나님은 우리 여왕을 도와줍시요 하는 국가에 같이 노래하노라.

― 〈독립신문〉 1897년 6월 22일자, 논설

앞의 글은 영국이 얼마나 강한지, 영국 사람이 얼마나 우수한지, 또한 그들이 자유권과 독립권을 추호라도 빼앗기지 않은 것을 찬양하면서, 영국인들이 다른 아프리카 야만국의 자유권과 재산권을 빼앗는 것에 대해서는 오히려 영국이 세계를 다니며 자유권을 가르치는 선생이라고 추어올린다고 설파하는 모순을 보이고 있다. 더 나아가 자신은 영국의 친구로 하나님이 영국 여왕을 도와주기를 바란다고 하고 있다. 억압받는 인종의 입장에 대해서 윤치호는 그들도 억압한 적이 있으며 유럽인과 미국인들이 원래부터 죄인인 것은 아니라는 것, 그것의 증거로 기독교는 매우 거룩한 성향을 갖고 있다는 것을 다음과 같이 밝히고 있다.

약한 인종들의 권리를 유린한 것에 대하여 영국인, 불란서인 또는 미국인을 꾸짖을 때 우리는 약한 인종들도 그들보다 약한 다른 인종들을 억압했었으며 상처를 입혔었다는 것과 그들이 할 수 있을 때 앞으로도 계속해서 그렇게 할 것이라는 사실을 기억해두라. 따라서 유럽인 또는 미국인은 결코 모든 갈릴리 사람들보다 심한 원래부터의 죄인이 아니다. 이것이 확실하게 밝혀주는 것은 기독교는 매우 거룩한 성향을 가지고 있어서 그 신도들은 약자를 격려하고 구원해주고 보호하기 위하여 재산과 생명을 바친다는 것이다.133

5. 인종주의와 제국주의 미화

사회진화론의 가장 주요한 내용 중 하나가 인종주의이다. 당시 개화파들 역시 사회진화론을 받아들이면서 인종주의를 자연스럽게 받아들였다. 〈독립신문〉은 "외국에서는 인종학이라 하는 학문이 대단히 큰 학문이요, 학사 중에 인종학학사를 매우 높이들 치더라."[134]고 소개하고 있다.

이들은 강국인 서구 국가들을 가장 문명화된 국가라고 보았기 때문에 당연히 여러 인종 중에 유럽 인종, 즉 백인종을 미화하고 청국이나 아프리카인들은 야만으로 취급하며 따라서 그들의 식민 상태를 당연시하고 있다. 다음은 유럽과 미국 등 백인종에 대한 글들이다.

> 대개 구라파 사람들은 가죽이 희고 털이 명주실같이 곱고 얼굴이 분명하게 생겼으며 코가 바르고 눈이 크고 확실하게 박혔으며 (중략) 백인종은 오늘날 세계 인종 중에 제일 영민하고 부지런하고 담대한 고로 온 천하 각국에 모두 퍼져 차차 하등 인종들을 이기고 토지와 초목을 차지한 고로
>
> – 〈독립신문〉 1897년 6월 24일자, 논설

> 공정한 행동fair play을 사랑하는 것은 앵글로색슨 인종의 공통된 특징이라고 말할 수 있다.[135]

앞의 글들을 보면 백인은 외모가 수려하고, 영리하고, 부지런하고 용감하다. 하등 인종을 이겨 토지를 차지하여 식민지를 개척한다. 또한 공정성을 사랑한다. 다음은 흑인과 황인종 등 유색 인종에 관한 글들이다.

동양 인종은 가죽이 누르고 털이 검고 뻣뻣하며 눈이 기우러지게 박혔으며 이가 밖으로 두드러지게 났으며 흑인들은 가죽이 검으며 털이 양의 털같이 곱슬곱슬하며 턱이 나오며 코가 넙적한고로 동양 인종들보다도 미련하고 흰 인종보다는 매우 천한지라. 미국의 토종은 얼굴빛이 붉으며 생긴 것이 동양 사람과 비스름하나 더 크고 개화된 것이 동양 인종만도 못한지라.

– 〈독립신문〉 1897년 6월 24일자, 논설

유색 인종들에 대해서는 외모뿐 아니라 성품, 풍속에 대해서도 비하하고 있다. 미국 토종, 즉 미국 원주민들에 대해 언급하면서, "하등 인종 중에 백인종과 섞여 백인종의 학문과 풍속을 배워 그 사람들과 같이 문명 진보 못하는 종자들은 차차 멸종이 되어 미국 같은 나라에는 토종이 백인종의 학문과 개화를 배우지 않는고로 몇천만 명 있던 인종이 이백 년 이래로 다 죽어 없어지고 오늘 다만 몇천 명이 남아 산이나 수풀 속에 들어가 미국 정부에서 주는 의복 음식이나 얻어먹고 업고 사는데 수효가 해마다 줄어 몇 해가 아니 되면 그

종자가 멸하여 없어질 터"[136]라 하고 있다. 또한 호주 원주민들에 대해 "개화된 법이 흑인종에서 얼마 낫지 않고 사는 범절이 다른 짐승에서 낫지 아니하다"[137]고 하며 아프리카 흑인들에 대해서는 유럽 사람들을 악독하게 죽였다는 것, 그리하여 "어디든지 천하고 무지각한 인종들은 외국 사람을 이렇게 야만의 법으로 멸살하니 어찌 세계에 천대를 받지 아니하리요."[138]라고 한탄하고 있다.

대체로 인종에 대한 글을 종합해보면 다음과 같다. 첫째, 외모는 백인, 동양인, 미국 인디언, 흑인의 순서로 우수하다. 둘째, 흑인들의 행동은 짐승만도 못하고 악독하여 천대를 받는다. 셋째, 야만국이라도 백인의 교육을 받으면 점차 개화할 수 있으나 미국의 인디언같이 백인의 학문을 배우지 못하면 차차 멸종하게 된다.

윤치호는, 흑인과 인디언에 대한 인종 차별을 힘의 차이에서 오는 것으로 보았으며 힘을 가진 자가 양도할 수 없는 권리와 정의와 성공을 가진다는 것을 매우 정당하고 진정한 것이라고 보았다. 그리고 힘 이상의 것이 없다는 사실은 강한 국가나 강한 인종이 약한 국가나 약한 인종을 다루는 데서 증명된다고 주장했다. 결국 문명화된 인종이 미문명국을 정복하는 것은 결과적으로 강자에게 권리, 정의, 성공을 가져오고, 약자들은 나쁘고 부정의하고 실패한다는 것을 증명한다고 설명했다.[139] 또한 그는 강국이 식민지 사람들을 훈련

시키는 데서 행해지는 착취와 범죄를 인간의 천성을 생각할 때 회피할 수 없는 필요악이라고 정의하며, 미국이 인디언을 몰아내면서 정당하지 못한 잘못을 하기는 했지만 인간의 천성은 본래 이기적이고 사악한 것이기 때문에 강한 인종이 약한 인종을 밀어내는 것은 윤리나 도덕적 문제를 떠나서 인간의 본성에서 나오는 자연스러운 행동이라고 보았다.[140]

이들의 생각에서 특기할 만한 것은 청국인에 대한 태도이다. 청국을 "세계에 제일 천대받고 세계에 제일 약한"[141] 나라라고 평가하고 "청국 정부는 야만의 정부"라 하고 있다. 청국은 국권도 제대로 지키지 못하면서 그것을 부끄러운 줄도 모르고 옛 법이나 지키려고 한다면서 "청국같이 못생긴 정부는 다만 만주와 산동성에만 권리를 잃을 뿐 아니라 청국 전국을 누가 모두 나누어 그 백성들을 개화시키고 토지를 개척하여 세계 인민이 그 리와 효험을 보게 하는 것을 우리는 바라노라"고 하고 있다. 그러면서 "사람이나 나라나 자기가 못생겨 능히 문명 진보하게 못 할진데 차라리 아라사고 누구고 주어 잘 만드는 것이 청국 인민에게 유조할 듯"[142] 하다고 말하고 있다. 청국을 비하하는 글들은 이 밖에도 매우 많다.[143]

그렇다면 조선 인종은 어떠한 인종으로 그려지고 있는가? 조선 사람들은 세계에 남만 못하지 않은 인종[144]이며 동양에서 상등 인종이요[145] 좋은 법률을 가지고 잘만 인도하면 동양에서 아무 인종하고라도 능히 겻고 살 터"[146]라 하고 있다.

또한 자세히 보면 "일본 인민에서 조금도 못 하지 않은 인종"이고 아이들을 보면 "활발한 거동이 일본 아이들보다는 백배가 낫고 미국 영국 아이들과 비스름"하다고 하고 있다.[147] 특히 "청국 사람들보다는 더 총명하고 부지런하고 정하고 일본 사람보다는 크고 체골이 더 튼튼히 생겼으니 만일 교육을 잘 시켜 의복 음식 거처를 학문이 있게 하면 동양 중에 제일가는 인종이 될 터"[148]라 하고 있다.

> 조선 사람들이 동양에 제일가는 인종인 것이, 청인은 느리고 더럽고 완고하여 좋은 것을 보아도 배우지 않고 남이 흉을 보아도 부끄러운 줄 모르고, 일본 사람들은 문명한 것을 본받기를 잘하나 성품이 너무 조급한 고로 큰 일을 당하면 그릇들이는 일이 있거니와 조선 사람은 가운데 있어 일본 사람의 개화하려는 마음도 있고 청인의 누그러진 성품도 좀 있는 인종인즉 다만 잘 가르쳐만 놓으면 동양에서는 제일이 될 듯하더라.
>
> – 〈독립신문〉 1896년 5월 30일자, 논설

이러한 주장은 경쟁적인 국제 관계에서 민족적 애국심과 자부심을 고취시키고 교육을 더욱 권장하기 위한 노력으로도 여겨진다. 그렇다고 하더라도 이 같은 인종주의적 사고는 필연적으로 제국주의로 나아갈 수밖에 없다는 문제가 있다. 실제로 〈독립신문〉은 우수한 조선 인종이 더욱 정진하여 청국과 일본을 쳐서 그 땅을 차지하자고 말한다.[149]

만일 조선 사람들이 꿈을 깨어 가지고 물을 주여 먹어가면서도 진보하여 공평하고 정직하고 편리하고 부국 강병하는 학문과 풍속을 힘쓰면 조선 사람도 영길리나 미국 사람만 못 하지 않을 터이요 조선도 청국을 쳐 요동과 만주를 차지하고 배상 팔억만 원을 받을 터이니 원컨대 조선 사람들은 마음을 크게 먹어 십 년 후에 요동 만주를 차지하고 일본 대마도를 찾아올 생각들을 하기를 바라노라 하면 될 터이니 결심하여 할 생각들만 하고 못 되려니와는 생각지 말지어다.

– 〈독립신문〉 1896년 8월 4일자, 논설

이러한 제국주의적 인종주의는 '아시아연대론'으로 발전했다. 당시 일본 자유주의자들에 의해 제창된 아시아연대론은 1880년대 일본에 파견되었던 조선 사절들이 처음으로 한국에서 주장했다.[150] 〈독립신문〉 1899년 11월 9일자 논설은 당시 세계를 황인종과 백인종의 싸움으로 보고 아시아인들이 뭉쳐서 백인에게 대항해야 한다고 주장한다. 한국과 일본, 청국은 한 인종이며 언어와 문자를 함께 쓰는 동일 문화권이므로 따라서 삼국은 연대해야 한다는 것이다.[151] 그리고 이를 위해서는 황인종의 지도적 국가로 일본이 지도적 역할을 해야 하고 아시아의 문명화에 힘써야 한다는 것이었다. 이러한 일본의 역할은 일본이 청일전쟁과 러일전쟁에서 승리함으로써 의심 없이 받아들여지게 됐으며, 당시 대부분의 사람들은 일본을 개혁의 성공 사례로 생각하고 일본이 걸어간 길을 따라 조선도 문명국이 되어야 한다고 여겼다.[152] 또한 이들은 조선이 일본에 의해 독립되었기 때문에 일본에게 고마워해야 한다고 말한다. 그래서 "일본서 두 해 전에 청국과 싸워 이긴 후에 조선이 분명한 독립국이 되었으니 그것 조선 인민이 일본을 대하여 감사한 마음이 있을 터"[153]라고 한 것이다.

이렇듯 인종주의는 제국주의적 침략을 정당화하는 이론적 역할을 했다. 그리하여 이들은 강자가 지배하는 세계를 자연스러운 것으로 파악하여 강자 입장에서 세계를 바라보았으며 더 나아가 이들의 지배와 침략을 미화하기까지 했다. 〈독립신문〉 1898년 8월 31일자 논설에서는 아프리카 인종들은 풍부한 지하자원을 가지고 있지만 이 좋은 자원을 몇천 년 동안 개발하지 않아 보배를 보배로 쓸 줄 모르고 금 덩어리를 손에 들고 굶어 죽는 자가 많아 하늘이 그 토종의 완악함을 미워하여 구주 각국인들이 근년에 아프리카를 나누어 오랫동안 억울하게 묻혀 있던 보배를 파내어 세계에 유용하게 만들었고, 북아메리카에서도 토종들이 풍요한 천연자원을 무용지대로 만들고 야만의 풍속을 고치지 않다가 마침내 영국 인종에 의해 개발되어 북아메리카가 세계에서 제일 부유한 나라가 되었으며, 부유하지만 인민의 계급 내분이 계속되어 생명과 재산이 편안치 못하던 인도도 영국의 속국이 되었다고 보았다.[154]

약육강식하는 일을 탄식하나 만일 인도정부가 튼튼하여 능히 그 인민을 보호하면 어찌 영인이 횡행하리요 (중략) 영국이 주인된 후 인도 내란이 진정이 되 (중략) 인민의 생명 재산을 잘 보호하며 학교를 베풀어 인재를 배양하며 학문을 권면하여 전일보다 태평을 누리니 실상 인도를 위하여 말하면 영국이 그 은인이라 하여도 옳도다. 아세아 제국이 다 잔약하여 그 권리를 보전 못하여 서양 사람의 수중에 들어가니 시강능약하는 서양 정략이 옳지 않으나 아세아 각국이 학정으로 그 인민을 잔약히 하여 외환을 자청하는 허물을 어찌 면하리요[155]

즉 국가의 패망은 그 나라의 책임이며 지배국은 오히려 속국의 은인인 것이다. 예를 들어 터키의 기독교인들은 정부에서 못되게 다스리는 바람에 유럽 각국이 불쌍히 여겨 보호해주려는 것이며, 쿠바에 있는 서바나 백성들은 서바나 정부에서 학정을 하는 바람에 미국 인민이 도와준다. 이렇듯 어디든지 백성이 압제에 눌려 견딜 수가 없으면 그 나라 동포뿐 아니라 외국에서라도 서로들 도와주는 것이 문명개화한 세계의 풍속이라는 것이다.[156] 또한 〈독립신문〉은 "서구 문명이 어디에 유입되어 뿌리를 내리든지 그곳은 완전히 새로운 나라로 변화했음을 역사는 우리에게 말해준다"고 하면서 "아메리카의 서쪽의 거칠고 파란 많은 록키 산맥의 대초원은 행복하게 되었다. 태평양 철도가 록키산맥과 알칼리성의 땅의 세이지부러쉬를 관통한 후 수백만의 많은 사람의 집들,

그리고 인도와 아프리카의 열대해안들의 많은 곳들이 가장 계몽된 인종들의 거처로 변하였다. 우리는 서구문명화가 아시아 대륙의 모든 구석에 침투하여 창조자의 아름다운 땅을 세계 도처의 그의 사람을 위하여 사용될 때가 곧 오게 되기를 희망한다"[157]고 했다.

이와 같이 이익 추구 및 경쟁심을 강조하는 자유주의 사상은 문명사회에 대한 동경과 더불어 사회진화론과 인종주의로 이끌었으며 제국주의를 미화하게 되었다. 개화파의 개화의 의미는 사회진화론의 진화의 의미와 많이 닮았으며 극단적인 서구화를 지향하는 것이었고, 더 나아가 조선인도 할 수만 있다면 서구인들처럼 다른 민족을 지배할 수 있어야 했다. 그러나 그럴 능력이 없으면 마땅히 강국의 지배를 받아야 하는 것이었고 그러한 지배는 정당할 뿐만 아니라 세상을 더욱 진보하게 만든다고 하는 제국주의적 입장에 동조하는 주장을 펴게 되었다.

제 5 장 ——— 자유주의가
반민중적인
까닭

1. 자유주의와 민주주의

일반적으로 개화파의 한계로 지적되는 것 중 하나가 그들의 우민관愚民觀이다. 그들은 민중을 불신했는데 이 사실은 그들의 사상을 민주적으로 보기 어렵게 한다. 그들은 민중을 그들이 바라는 문명 사회에 위협이 될 수도 있는 세력으로 보았다. 그들에게 민중은 감싸안을 수도 그렇다고 그냥 내칠 수도 없는 그들 자유주의 사상의 딜레마였다.

개화파가 시종일관 비판하고 있는 양반 계급과 그들의 사상인 유학은 엄밀한 의미에서 볼 때 크게 위협이 되지 않는다. 왜냐하면 청일전쟁에서 청국이 패배한 후 그 당시 서양을 모방하는 일본 모델이 부국강병의 대안으로 굳어져가고 있었으므로 통치 이념으로서 유학이 더 이상 설득력을 갖기 어려웠고, 봉건적 질서의 해체와 더불어 양반 계급은 더 이상 미래에도 위협 세력이 될 수 없을 것이기 때문이다.[158] 즉 양반 계급과 유학이 여전히 당시의 다수 여론을 대표하고 개화파 사상이 소수 의견이라 하더라도 양반과 유학은 '과거'에만 위협적일 뿐이지 미래에도 위협이 되기는 어려웠다. 무엇보다도 〈독립신문〉을 비롯한 개화파는 양반과 유학에 대해 공개적으로 비판할 수 있는 명분과 최신식 이론의 무기를 갖추고 있었으므로 이런 의미에서도 이들이 실질적 위협이 될 수는 없었다.

문제는 '민民'이었다. 양반 세력의 유학을 그토록 비판한 이유도 이들이 민의를 이끌고 대표했기 때문이다. 또한 갑신정변의 실패는 민의를 얻지 않으면 성공할 수 없다는 교훈을 남겨주었다. 〈독립신문〉의 발간 목적 자체가 서구 사상과 개혁에 대한 민의를 얻기 위한 것이며, 이들이 주장한 민권사상 역시 이러한 민의를 얻기 위한 것이라고 볼 수 있다. 민주주의는 늘 이렇게 민중의 협력이 필요할 때 그들에 대한 '아부'로 시작한다. 그러나 민중은 개화파의 목적을 이루기 위해 필요한 것이지 실제로 민중이 주체가 되어야 한다는 것은 아니었다. 오히려 이들 세력의 신장은 개화파가 이루고자 하는 자유주의 사회에 장애가 되고 위협이 되는 것이었다. 이것이 그들의 딜레마였으므로 '민'이야말로 개화파들에게 진정한 의미의 위협이라고 할 수 있다.

이 같은 딜레마는 개화파들의 엘리트주의적 '관성'에서 비롯된 것이기도 하지만 이들이 수용한 자유주의 사상 자체에서 비롯된 것이기도 하다. 현재 우리는 자유민주주의라는 개념을 당연하게 쓰고 있지만 제1장에서도 언급했듯이 자유주의와 민주주의는 서로 상충되는 개념이다. 서양 역사에서 민주주의는 다수자, 특히 가난한 다수자의 지배를 의미하며 이러한 가난한 다수자는 동양의 민에 해당된다고 볼 수 있다. 아리스토텔레스에 의해 경계된 '가난한 다수'는 서구 정치사상사의 출발부터 또한 현재까지 우려의 대상이 되고 있다. 이탈리아 신학자이자 철학자인 토머스 아퀴나스Thomas Aquinas는 "실로 사악한 정권이 다수에 의해 수행될 때, 그것이 민주주의라고 불린다"[159]고 했으며, 프랑스 계몽사상가 장 자크 루소J. J. Rousseau에 의하면 민주주의는 내란과 국내적인 선동에 고도로 노출되는 것으로 그리스적 직접민주주의는 필연적으로 잘못 통치될 수밖에 없는 것이었다. 계약론자들이 구상한 '계약을 통한 국가'라는 것은 민주주의를 이상으로 삼은 것이 아니라 대의정체, 공화국이 목표였다. 또한 막시밀리앙 드 로베스피에르Maximilien-François-Marie-Isadore de Robespierre 외에는 프랑스 혁명을 이끌었던 사람들조차 공화국을 이상으로 삼았지 민주주의란 용어를 사용하지는 않았다.[160] 즉 민주주의와 대의정체, 공화국은 서로 다른 것이었다.

　최근까지도 적지 않은 학자들이 민주주의를 전체주의로 나아갈 위험이 있는 제도로 인식하고 있다. 즉 민주주의는 통치자가 기존의 법과 제도를 뒤엎고자 할 때 국민을 선동해서 그들의 힘을 이용하여 기존 체제를 바꾸기 위한 위협적인 이념일 수 있다는 것이다. 예를 들면, 하이에크도 민주주의를 법치를 위협하는 것으로 보고 있다. 실제로 민주주의는 독재로 나아갈 가능성이 높다. 만일 의회 내에서, 사회의 압도적 다수를 대표하는 사람들이 다수가 된다면 모든 법안을 일사천리로 통과시킬 것이고 그들을 견제할 수 있는 세력은 의회 내에도 의회 밖에도 없다. 우리의 국회 또는 다른 나라의 의회가 제대로 기능하지 못하고 여러 견제를 받는 것은 바로 그들이 사회 내의 소수를 대표하고 있기 때문이다. 밀을 비롯한 많은 자유주의자들이 사회 내의 다수자가 대표가 되지 않도록 노력하고, 여러 가지 대의적 장치를 마련한 것은 이를 막기 위한 것이라고 볼 수 있다. 그러나 이러한 민주주의의 독주, 즉 다수의 독재가 왜 해악인가? 아니 더 정확하게 표현하자면 누구에게 해로운 것인가?

이 같은 민주주의 이념이 갖는 위험성 때문에 오늘날 민주주의는 대의제, 다당제, 선거 등의 '절차'를 강조하는 것이 그 특징이 되었으며, 심지어 개인주의 등 자유주의적 가치들이 민주주의의 가치로 혼동되고 있다. 아서 로젠베르크Arthur Rosenberg는 본래 폭력적인 사회주의 혁명을 민주주의적인 행위라고 하는 것은 자명한 전제였는데 지금 사회주의자들은 민주주의를 혐오하고 자본주의의 정치철학으로 보고 있다고 하면서 그 의미의 변화는 1850년과 1880년 사이에 발생했다고 말한다.[161] 아서 키스Arthur Kiss는 그 의미 변화의 분기점을 프랑스 정치사상가 알렉시스 토크빌Alexic Charles-Henri-Maurice Clérel de Tocqueville에게서 찾고 있다. 그에 의해 민주주의 대 사회주의, 자유 대 평등이라고 하는 동서 대결적인 구도가 생겼다는 것이다.[162] 토크빌은《미국의 민주주의》를 집필할 때만 해도 민주주의와 자유주의를 서로 적대적인 것으로 표현했다. 그러다가 1848년 9월 12일의 제헌의회에서 그는 이전까지만 해도 구별하지 않았던 민주주의와 사회주의를 대립시켰다.[163] 또한 밀은 기존의 다수 지배를 의미하는 민주주의는 잘못된 민주주의로서 소수 지성인의 견해가 경청되는 민주주의만이 바람직한 민주주의라고 주장함으로써 민주주의 개념의 변화를 시도했다.[164] 그렇다면 왜 자유주의자들이 갑자기 민주주의 개념을 필요로 한 것일까? 그건 다수자의 협력과 지지가 필요한 사건이 생겼기 때문이다. 즉 자유주의는 1848년의 사회주의 혁명이라는 위협에 직면하여 좀 더 많은 사회 세력을 자신들 편에 끌어들여야 할 필요성에서 하층민들 사이에 우호적인 민주주의 개념을 수용한 것이다. 또한 민주주의 개념은 통치 주체가 자본주의 사회 내에서 일어나는 제반 경제적 이해 관계에서 초월해 있고 공정한 정치를 한다는 외관을 위해서도 필요했다.

　그러나 다수자 지배라고 하는 민주주의의 그 본래 의미는 변화시켜야만 했다. 또한 여러 가지 제도적 장치를 통해 사회 내 다수가 실질적 지배 계급으로 등장하지 못하게 해야 했다. 근대에 이르러 다수자가 된 노동자 계급의 등장과 보통선거권의 요구는 부르주아들의 경계심을 절정에 이르게 했다고 할 수 있다. 밀은 하층 계급의 야만성과 무지를 매우 위험시[165]하면서 "대다수 국가의 경우 투표자 중 거대한 다수는 육체 노동자이다. 그리고 이때 너무 낮은 수준의 정치적 지성과 계급입법이라는 이중의 위험이 매우 위험스러울 정도로 존재한다. 이때 이런 해악을 제거할 수 있는 어떤 방법이 존재하는지에 대해 살펴보아야 한다"[166]고 주장했다. 그 방법으로 대의제와 관료제가 거론된 것이다.

오늘날 대의제는 많은 수의 인민이 모두 나서서 정치를 할 수 없으므로 대표를 뽑아 그들의 이익과 견해를 대표하게 하는 간접 민주주의로 이해되고 있다. 이 제도는 규모가 큰 사회에서 어쩔 수 없이 채택되는 민주주의적 제도로 이해되고 있다. 그러나 그 제도의 출발은 민의를 반영하기 위한 것이 아니라 민의를 여과 내지 차단하기 위한 것이다. 밀에 의하면 대의제는 민주주의를 제한하는 제도로 제시된다. 대의제를 통해 민주주의가 위험하지 않은 방향으로 구성될 수 있다는 것이다. 여기서 위험하지 않은 방향이란 다수의 육체 노동자가 지배세력으로 등장하지 않도록 하는 것을 의미한다. 실제로 선거 제도는 여러 가지 방식을 통해 민의가 제대로 전달되지 않도록 기능한다. 그러한 '정신'은 미국의 연방제에서도 잘 나타난다. 미국이 여러 주로 나뉜 것은 과도한 빈민들의 영향력이 한 주를 넘어서 다른 주로 퍼지지 않게 하기 위한 것이다. 대통령 선거 때 표 계산도 전체로 하지 않고 각 주별로 동일한 인물을 지지하는 것으로 계산하는 것도 그러한 원리에서다. 간접선거와 삼권분립 역시 마찬가지 이유에서 제시되었다. 즉 과도한 한 인물, 또는 한 세력이 많은 인민의 지지를 업고 등장하지 않게 하기 위한 것이다. 그 결과 현재 미국의 선거제도는 실제로 표를 더 많이 얻은 후보가 떨어질 수도 있게 되어 있다.

밀은 그것마저도 부족해서 만일 민중이 지나치게 '권력 지향적'일 경우 대의제는 아예 적합하지 않다고 말했다. 즉 만에 하나 있을 '선거 혁명'의 가능성까지 차단하고자 한 것이다. 그리고 마지막으로 또 하나의 안전장치를 두었다. 그것이 관료제이다. 만일 선거 혁명이 이루어져 대의제가 다수자 세력을 대변하게 된다면 대의제의 실질적 힘을 제한할 제도로 관료제를 제시한다. 밀은 관료제에 실질적 정치 운영의 권한을 주고 의회가 여기에 간섭할 수 없도록 해야 한다고 주장했다. 관료가 얼마나 큰 힘을 갖는가 하는 것은 오늘날 우리의 현실을 봐도 알 수 있다. 결국 대의제는 인민이 참여했다고 하는 명목상, 형식상의 정당화 역할만을 하고 그 실질 내용은 민주주의를 유명무실하게 하는 것이다.

우리 사회는 민주주의를 처음에 어떻게 받아들였을까? 민주주의가 군주제에 반대되는 의미인 한 그것은 당연히 위험스러운 것으로 인식되었다. 민주주의라는 용어를 공공연히 사용하는 것은 금지되었다. 윤치호는 독립협회 회장을 맡을 당시에 회중이 지켜야 할 조건을 선언했는데, 그중 첫 번째가 "우리는 황제와 황실을 사랑한다. 황제와 황태자, 황실에 불경한 말을 엄금하며 민주주의와 공화주의를 옹호하는 것을 금지한다"[167]는 것이었다. 사회학자 신용하는 "이것은 독립협회 회원들이 과격한 연설을 하거나 그들이 생각하고 있는 민주주의와 공화주의를 주장하여 대회의 진행과 단결을 해칠까 우려한 데서 나온 것 같다"[168]고 말한다.

또한 이들은 서구에서의 변화된 인식처럼 민주주의를 의회제, 삼권분립 등 제도적, 절차적 민주주의로 파악했다.[169] 그리고 마찬가지로 서구의 다수자에 대한 관점을 공유하고 있었으며, 특히 민을 지배 대상으로만 파악한 유교의 관점과 결합되어 우민관에서 전혀 벗어나지 못하는 한계를 보여준다. 이들은 서구 자유주의의 전통과 마찬가지로 민권의 신장이 아닌 민권의 제한에 노력을 기울였다.

2. 여러 가지 '민'의 개념

(1) 백성과 신민

민주주의의 주체는 민民이다. 그렇다면 민은 누구를 지칭하는 말인가? 유학에서 '민民'이라는 용어는 사용 맥락에 따라 세 가지 범주로 나뉜다. 가장 넓은 범주의 민은 천天과의 관계에서 쓰일 경우이다. 즉 맹자는 "하늘이 백성을 내리시어 임금과 스승을 세운다"고 하고, 순자는 "하늘은 민을 낳았다"고 했다.[170] 즉 천과의 관계에서 볼 때 민은 모든 인간을 의미한다.

두 번째로 중간 범주의 민은 왕과 대비되는 개념이다. 즉 왕을 제외한 사회 전체의 구성원을 의미한다. 그 예로 맹자가, 우 임금이 양성으로 옮겨갈 때 천하의 민이 그를 따랐다고 한 것과, 순자가 임금은 민의 근원이라고 한 것을 들 수 있다.[171] 가장 좁은 범주로는 '관'과 대비되는 민 개념으로, 이것이 가장 일반적인 범주이며 사회의 계층 구조상 하층에 속하는 민 개념이 이에 속한다. 그 예로《중용》에 "아랫자리에 있으면서 윗사람의 신임을 얻지 못하면 민을 다스려내지 못한다"는 구절을 들 수 있다.[172]

또한 민은 '사士'와 대비되어 사가 학문하는 자라면 민은 학문하지 않은 자를 의미한다. 이러한 사와 민 개념은 춘추전국시대[173]에 비롯된 것으로, 사는 관과 일치할 수도 일치하지 않을 수도 있으나 사가 학문하는 것은 궁극적으로는 관리로 나아가기 위한 것이었다. 그러므로 사가 지배 계층을 뜻하면 민은 피지배 계층, 사가 관을 뜻하면 민은 민간, 사가 학문하는 자를 뜻하면 민은 학문하지 않은 자를 뜻한다.[174]

이렇듯 민 개념은 그 맥락에 따라 조금씩 범주가 달라지지만 그 모든 경우의 공통점은 언제나 상하 대립적 관계에서 '하'의 측면에 해당한다는 것이다.[175]

이러한 민 개념은 우리 사회에서 주로 '백성'으로 표현되었다. 19세기 말에 인민, 신민 개념도 많이 쓰였지만 유학의 이러한 민 개념에 가장 가까운 의미는 '백성'이다. 우선, 이 백성 개념은 유학의 민과 마찬가지로 주로 피지배 계층, 민간, 학문하지 않은 자의 의미로 가장 많이 쓰이지만, 때로는 모든 사람을 의미하기도 하고, 때로는 왕을 제외한 모든 사람을 의미하기도 한다. 이는 앞서 살펴보았듯이 유학에서의 민의 의미와 일치한다. 또한 중국에서 여러 가지 의미의 민이 쓰인 것이 그 당시 사회의 혼란과 변화를 반영한 것이라면 이 당시 여러 의미로 쓰인 백성 역시 우리 사회의 변화를 암시하는 것이라고 할 수 있다.

> 우리가 백성이라고 말하는 것이 다만 벼슬 아니 하는 사람만 가지고 말하는 것이 아니라 누구든지 그 나라에 사는 사람은 모두 그 나라 백성이라.
>
> – 〈독립신문〉 1897년 3월 9일자, 논설

앞의 글을 보면 한 나라에 사는 사람을 백성이라 하고 있으므로 왕까지 포함된 개념이다. 특히 벼슬을 하건 안 하건 모두 백성이라고 강조하고 있다. 그러나 이 같은 강조는 역설적으로, 벼슬을 하지 않는 사람을 백성이라고 하는 것이 당시 일반적 인식이었음을 보여준다.

> 정부에서 하시는 일을 백성에게 전할 터이요 백성의 징세를 정부에 전할 터이니 만일 백성이 정부 일을 자세히 알고 정부에서 백성의 일을 자세히 아시면 피차에 유익한 일 많이 있을 터이요 불평한 마음과 의심하는 생각이 없어질 터
>
> – 〈독립신문〉 1896년 4월 7일자, 논설

위 글을 보면 정부의 반대편에 있는 것이 백성임을 알 수 있다. 그러나 여기에서 중요한 것은 정부의 반대되는 개념이 백성이라는 것보다, 정부에 대해서는 "정부에서 하시는 일" 또는 "정부에서 백성의 일을 자세히 아시면" 등 존대를 하고 백성에 대해서는 "백성이 정부 일을 자세히 알고" 등 하대를 하고 있다는 점이다.

또한 백성은 유학에서의 사士에 대비되는 민의 개념과 마찬가지로 교육받지 못한 사람들을 의미한다. 〈독립신문〉은 "교육 없는 백성은 말로는 무슨 일이든지 남과 같이 하겠다고 하여 그러하되 일을 당하면 못 하는 것이 첫째는 어떻게

할 줄 모르니 못 할 것이요"라고 하고 있으며, "백성이란 것은 열리지 못한 나라에서는 자기에게 유조한 일을 하여주어도 고마운 줄을 모르고 유익한 훈계를 하여주어도 그 훈계한 사람을 도리어 미워할지언정 감격한 생각은 없는 법이라"고 하고 있다. 또한, "어리석은 백성", "우매한 백성의 마음", "무식한 백성", "아무것도 모르는 백성들", "불쌍한 조선 백성" 등의 표현을 자주 쓴다.[176]

이 당시 백성과 비슷한 의미로 '신민'이란 개념이 종종 쓰였다. 본래 '신臣'은 중국 서주시대에 가정을 이루고 있는 노예를 의미하다가 맹가시대에 와서 '벼슬한 사람'을 뜻하는 말로 변용되었다.[177] 또한 신민의 사전적 의미가 '군주국에 있어서의 관원과 국민'이므로, 신민 개념은 왕을 제외한 전 사회 구성원을 의미하는 백성 개념과 같다고 볼 수 있다.[178] 그러므로 신민은 보통 임금과의 관계에서 자주 쓰였다. 즉 "임금이 이렇게 간절히 말씀하시는데 그 임금에 신민되어 조칙을 듣지 아니하고"라든지, "대군주 폐하를 환어하게 하는 것이 조선 신민되어 당당히 할 말이다", "조선 신민이 변변치 못하여 대궐 안에 변이 자주 난다"는 표현 등을 예로 들 수 있다.[179] 신민이라는 말이 왕과의 관계에서 쓰이는 예는 다른 군주국에 대한 표현에서도 나타난다. "영국 여왕 폐하께서 외국에 가 있는 영국 관원들과 국중에 있는 유명한 신민들을 다 각색 훈장을 주셔"라든지 또는 "서울 있는 영국 신민들이 여왕 폐하께 삼가 전보하고 오늘 국중에 큰 경사로움을 치하하옵나니라" 등이 그것이다.[180] 외국 국민에 대해서는 주로 '인민'이나 '국민'을 사용하는데 이같이 군주국인 경우에는 신민을 사용한다.

그러나 임금과 관계 없이 쓰이는 경우도 많다. 즉 "조선 신민되어 조선이 독립된 것을 경사로 아니 여기는 것은 애국애민하는 마음이 없는 사람이니"라든지, "세계 사람들이 조선도 문명 진보하고 자주독립하는 나라로 알게 하는 것이 조선 신민의 직분이요"라고 하는 데서 알 수 있다.[181] 〈독립신문〉이 이처럼 신민 개념을 사용한 것은 조선이 군주국이었기 때문이고 군주권을 당연시하고 있었기 때문이다. 심지어 〈독립신문〉은 발간 목적 자체가 좋은 신민을 길러내기 위한 것이라고 하고 있다.[182]

그러나 현재 '신민'과 '백성'은 더 이상 쓰이지 않고 있다. 대신 '국민', '인민', '민중' 등의 용어가 사용되고 있다. 이 같은 사실 역시 신민과 백성은 불평등한 전근대적 관계를 전제로 하는 개념이었다는 것을 알 수 있게 해준다. 다른 여러 가지 근대적이고 자유주의적인 개념들이 이 시기의 〈독립신문〉에 등장하기 시작한 것처럼, 그러한 전근대적 개념들과 새로 등장하기 시작한 인민, 국민 개념이 동시에 보이고 있는 곳이 〈독립신문〉이라 할 수 있다.

(2) 인민과 국민

〈독립신문〉에서 민과 관련하여 가장 많이 쓰이는 개념이 '인민'이다. 반면 '국민'은 자주 쓰이지 않았다. 이 같은 사실은, 인민 개념은 이미 대중화된 반면, 국민은 당시에 막 쓰이기 시작한 개념이었음을 알 수 있다. 또한 이후에 인민은 주로 북한에서, 국민은 남한에서 쓰이는 용어가 되었으나 당시만 해도 인민이 더 일반적인 용어였다는 사실을 알 수 있다.

중국 서주시대[183]에 '인人'과 '민民'은 각기 따로 쓰이는 개념으로서, '인'은 지배 계층을, '민'은 피지배 계층을 뜻하는 것으로 쓰였다.[184] 이는 제1장에서 개인은 강자이고 민은 약자의 무리라고 한 내용과도 일맥 상통한다. 이 같은 전통적인 '인'과 '민' 개념이 '인민' 개념과 정확히 어떠한 관련이 있는지는 알 수 없으나, 확실한 것은 인민 개념은 '백성'에 비해 더 평등한 관계를 전제로 쓰였다는 것이다. 즉 '인민'이 하늘 아래 '모든 사람'을 의미한다고 할 때, 서주시대의 '인'과 '민'을 포괄한 개념으로, 즉 지배, 피지배 계층을 다 포괄하는 개념으로 쓰인 것으로 추정된다.

인민은 국민보다 더 넓은 개념이다. 국민은 국적과 관련되어 쓰이지만 인민은 국적과 관계 없이 한 사회의 구성원을 의미한다. 법제사적 의미로는 공화국의 구성원을 의미한다. 그렇기 때문에 인민은 '백성'보다 평등한 관계를 전제한다. 그러므로 〈독립신문〉은 우선적으로, 문명화된 외국 사람에 대해서는 거의 '인민'이라는 표현을 사용한다. 이는 우리 나라 인민에 대해서는 신민과 백성을 자주 사용하고 있는 것과 대조를 이룬다. 예를 들면 "서바나 인민, 미국 인민, 불란서 인민" 또는 "구라파 각국에서는 적든지 크든지 인민들이 남녀 없이 적어도 십여 년을 학교에서 각색 새 학문을 배운 연고요", "일본 정부와 유지각한 상등 인민들은 이 하등 일본 사람들이 조선 와서 무리한 일 한 것을 매우 괴탄하고"라 쓴다.[185] 그러나 외국이라도 문명국이 아니거나 부당한 대우를 받고 있는 사람들이라고 생각될 경우에는 인민이 아닌 백성을 쓰고 있다. 예를 들면, 쿠바에 대해서는 "거기 백성"이라고 하며 미국 사람들이 영국에게 천대를 받는 경우, "영국 정부에서 미국 사는 백성들을 층등이 있게 대접을 하는 고로 미국 백성들이 분히 여겨"라 쓴다.[186]

아래 글은 어떤 경우에 인민, 신민, 백성 개념을 구분하여 사용하고 있는지 잘 보여주고 있다.

지금이 어떤 때기에 **조선 신민**이 되어 위국 위민하고 아무쪼록 이왕에 받은 수치와 분함을 다 씻고 아무쪼록 조선 대군주 폐하께서 세계문명 개화한 나라 제왕들과 동등이 되시게 하고 **조선 인민**이 **외국 인민**과 같이 남에게 대접을 받고 (중략) 대군주 폐하께서 몇십 년 동안에 못 된 신하 놈들 까닭에 변란을 많이 보시고 지금도 대궐을 떠나서서 외국 공관에 가셔서 외국 보호를 받으시고 계신 것을 생각하면 **조선 신민**이 되어 다만 외국 사람에게 부끄러울 뿐이 아니라 자기가 자기 몸을 업수히 여길 만한 일이라 만일 **조선 신민이 신민의 도리를 할 것 같으면** 어찌 일국 대군주 폐하께서 곤란하신 일을 그렇게 여러 번 보시고 (중략) 조정에 신하가 많이 있다고 하여도 일 없을 때에는 충신인 체하다가도 일만 있으면 도망하는 자 태반이니 이것은 다 하느님께 죄를 받을 일이요 **세계 인민**에게 거두할 수가 없는 인생들이라 (중략) 아무쪼록 **조선 신민들**이 나라를 돕고 **백성을 진무하여** 상벌이 분명하고 공평케 시행하면 (중략) 외국 사람들이 **조선 인민**을 사람으로 대접하게 힘 쓰는 것이 마땅하거늘 이런 때를 당하여 이런 마음은 조금치도 없고 시절 만날 줄로 알고 나라와 **백성은** 어떻게 되었든지 못된 짓을 또 시작하여 (중략) 애국 애민할 생각은 아니 하고 다만 사사 마음으로만 일을 하다가 오후 한시에는 길에서 **백성들에게 맞아 죽었으니**(강조는 인용자)

– 〈독립신문〉 1896년 3월 30일자, 논설

앞의 글을 보면 백성, 신민, 인민이 어느 때 주로 쓰였는지 그 미묘한 차이를 알 수 있다. 우선 신민은 조선 신민으로 한정되며 주로 왕과의 관계에서 쓰이고 있다는 것을 알 수 있다. 인민은 외국 인민, 세계 인민일 때 사용되며, 조선 인민일 경우 외국 인민과의 동등한 관계를 표현할 때 쓰이고 있다. 또한 백성은 잘 다스려야 하는 대상으로 쓰이고 있다.

이렇듯 인민은 더욱 평등한 관계를 전제로 한다. "내외국 인민에게 우리 주의를 미리 말씀하여 아시게 하노라"[187]는 인민에 대해——물론 내외국을 포함했기 때문에 그렇게 했다고 판단되지만——존칭까지 사용하고 있다. 이는 백성에 대해 표현하고 있는 것과는 완전한 대조를 보인다.

그러나 또한 인민은 정부를 제외한 사회 구성원을 의미하기도 한다. "우리는 조선 대군주 폐하와 조선 정부와 조선 인민을 위하는 사람들"[188]이라고 하는 데서 알 수 있다. 그리고 때로는 여전히 은혜와 사랑을 받는 존재로 쓰이며 '백성' 개념과 마찬가지로 무식하고 불쌍한 존재로 묘사되기도 한다.[189]

국민은 언급한 바와 같이, 그 나라 국적을 가진 인민, 한 국가 권력 아래서 생활하는 인민을 의미한다. 그러므로 인민보다는 좁은 개념이라고 할 수 있다. 서주시대에 '국國'은 거주 지역을 뜻하는 것으로, 한 지역의 정치군사적 중심지인 성시城市를 의미했다고 한다. 또한 춘추시대의 국가들은 성城과 곽郭으로 이루어진 도시국가의 형태였는데, 제후는 성에 거주하며 성과 곽 사이에는 '국인國人'이라고 불린 사람들이 거주했다고 한다. 이 국인들은 본래는 국군國君과 귀족들의 친척이나 후예로서 지배 계층에 속했지만 그 수가 늘어나면서 서주시대 말기에는 민의 범주 속에 들어가게 되었다.[190] '국인' 개념은 유길준의 저서에서도 볼 수 있다. 즉 "개화한 자의 국國에도 반개화한 자도 유有하며 미개화한 자도 유한지라 국인國人이 일제히 개화하기는 극난極難한 사事

니"[191]라 하여, 이때 국인은 한 나라의 인민, 즉 오늘날의 국민 개념과 일치하고 있음을 알 수 있다. 이렇게 볼 때 '국민'은, 어원에서는 우선 일정한 거주 지역과 관련되며, 일반 민중보다는 더 높은 계급을 의미하는 국인 개념이 점차 민을 포함하는 개념으로 확대되면서 오늘날의 국민 개념이 되었으리라고 추론할 수 있다.

〈독립신문〉은 '국민' 개념을 이러한 특정 거주 지역과 더불어 그 지역을 사랑하는 마음을 가진 사람들로 정의한다. 〈독립신문〉은 '나라'라고 하는 것은 일정한 토지를 두고 그곳에서 다스리는 권에 복종하는 인민이 많이 모인 것을 의미한다고 하면서, "언어와 풍속과 종교와 하해와 산악들이 막힌 것을 인하여 뜻이 한 가지고 서로 느끼는 정이 깊고 간절한" 것을 "국민의 통정"이라고 하고 있다.[192] 이는 서양의 'nation' 개념과 같다고 할 수 있다.[193] 'nation'은 혈족의 의미보다는 근대국가, 영토국가의 발생과 더불어 통치의 경계가 되는 국가 또는 국민의 개념으로 다분히 애국주의적이거나 국가주의적 의미를 가진다.

그러나 〈독립신문〉은 국민 개념을 'people'로 소개하고 있다. "국민people이라는 이 말은 조선에서는 새로운 말이다This word, people is a new word in Korea"[194]라고 하고 있는데, 만일 people을 '인민'으로 생각했다면 조선에 새로운 말이라고 하지 않았을 것이다. 이는 오늘날 'people'을 주로 국민으로 번역하고 있는 것과 같다고 할 수 있다. 그러나 영어의 'people'은 단순히 '사람들'이라는 의미가 강하므로 국민 개념과는 약간 차이가 있다. 왜냐하면 국가 이전에도 'people'은 존재하기 때문이다. 즉 'people'은 국민일 수도 아닐 수도 있으므로 국민보다는 인민 개념에 더 가깝다고 여겨진다. 그러나 영미권이 아닌 경우의 'people', 예를 들면 독일의 'Volks'는 국민 개념에 가깝다고 할 수 있다. 프랑스의 경우도 마찬가지다. 루소에게 'people'은 단지 사람들을 뜻하는 것이 아니고 시민과 애국자만을 의미하며 서민이 제외된다. 이러한 'people의 정신'이 바로 '일반의지'로서 'Volksgeist'와 같은 의미라고 할 수 있다. 루소의 모델이 되고 있는 제네바의 경우 'people'은 모든 거주자의 6~7퍼센트만을 의미하며 그 외의 본토인은 완전히 소외된다. 이때 루소의 'people'은 부자와 빈자의 중간 계급이며 헤겔의 일반계급과도 가깝다고 할 수 있다.[195] 이러한 'people' 개념은 계급적인 면에서 중국 서주시대의 국인 계급과도 일치하며, 애국자라고 하는 측면에서는 〈독립신문〉의 국민 개념과 일치한다.

　〈독립신문〉의 국민 개념이 루소의 'people' 개념과 서주시대의 국인 개념과 공통된 또 한 가지는, 국민은 자신의 이익을 위하여 주장할 수 있는 권리를 갖는 것으로 파악하고 그러한 특징으로 인민과 분리하고 있다는 것이다.

정부의 진정한 바람이자 역할은 국민people의 이익에 서서 통치한다고 하는 것이다. 국민이란 말은 조선에서는 새로운 말로서, 이 신문의 독자들은 장기적으로 볼 때 이 말이 얼마나 강력한 말이며, 또한 이들의 주장은 얼마나 불가항력적인 것인지 알 것이다. 오늘날은 조선 국민들에게 있어서 어둡지만, 이들의 주장은 결국 승리할 것이라는 것을 확신하고 있을 것이다.196

앞의 글은 'people', 즉 국민이라고 하는 새로운 개념을 소개하면서, 이 '국민'은 자신의 이익과 주장을 결국은 관철시키는 집단임을 암시하고 있다. 또한 〈독립신문〉은, 백성의 나라 사랑하는 마음을 "능히 통하여 바로 세우게 함은" "나라 정략政略상에 참례하는 권을 주는 데" 있다고 하면서 "시대의 변천하는 데 인하여 인민과 국민의 차등이 있다"197고 하고 있다. 신용하는 이 부분을 들어, 독립협회가 참정권을 가진 인민을 '국민'으로 정의하고 있으며 그 당시 참정권이 없는 인민에게 참정권을 부여하여 국민으로 만들 것을 주장했다고 말한다.198 그러나 위의 글만을 놓고 볼 때 참정권을 가진 인민을 국민이라고 규정했다는 부분에는 동의할 수 있어도, 〈독립신문〉이 강력하게 보통선거권을 의미하는 국민 참정권을 주장했다고 여겨지지는 않는다.199 〈독립신문〉은 선거를 원, 관찰사에 한정시키고 있으며, 인민의 정치적 판단 능력을 신뢰하고 있지 않고 따라서 그들의 정치 참여를 강력히 주장하지 않는다.

또한 위의 논설에 나타난, "나라 정략상에 참례하는 권리를 갖는 국민", 애국심을 의미하는 "국민의 통정" 등은 참여의 논리와 더불어 동원의 논리로 작용할 수 있다는 점이 지적되어야 한다. 우리나라 근현대사를 통틀어 국민 개념은 참여의 의미보다는 동원의 논리로 더욱 많이 작용했다.

이 외에 〈독립신문〉이 국민 개념을 많이 쓰고 있는 것은 외국의 경우이다. 이는 이익과 권리를 갖는 인민을 국민이라고 규정했을 때의 당연한 결과라 할 수 있다. 우선 〈독립신문〉보다 시기적으로 앞선 홍영식이 미국을 방문한 후 쓴 문답기를 보면, 다른 경우에는 쓰지 않았지만 미국의 국민을 소개하면서 국민이라는 용어를 쓴다.[200] 또한 〈독립신문〉에서 우리 백성에게 국민이라는 용어를 쓸 경우는 거의 다른 나라 국민과 같이 쓸 때로서 "내외국민"[201]이라 쓰고 있으며, 내외국민을 지칭하지 않을 경우는 대체로 인민, 백성을 쓴다. 대한제국 이후에는 더 자주 썼음을 알 수 있다.

국민 개념과 관련하여 마지막으로 지적하고자 하는 것은, 그 개념이 친일파들에 의해 왕권 약화를 목적으로 본격적으로 쓰였다는 점이다. 즉 국민 개념이 본격적으로 등장한 것은 〈독립신문〉 외에 일본 유학생들의 글을 모은 《친목회 회보》[202]에서 조선 국왕을 최초로 공격한 글에서였다. 이전까지는 《친목회 회보》가 군주에 대한 일방적 충성심을 표시하다가 회보 제2호에서 신해영이 '국민의 희로喜怒'라는 글에서 국민의 노함의 정치적 중요성을 논했는데, 이 글이 정치적 민권을 논한 최초의 글이라고 한다. 이 역시 조선 유학생들을 전담한 후쿠자와 유키치가 조선의 속국화를 목적으로 가르쳤다고 볼 수 있다.[203] 신해영 외에도 유창희는 "국은 만인의 공중을 일컫는 것"이라고 하면서 마찬가지로 국민 개념을 사용하고 있으며[204], 대체로 회보의 필자들이 모두 국민 개념을 쓰고 있다.

일제치하에서는 애국운동 단체들도 국민 개념을 사용했지만 주로 일진회 등 친일단체들이 사용했다. 또한 일제 시기의 국민 개념은 친일과 더불어 동원의 논리로도 작용했으며, 국민 개념이 갖는 동원의 논리는 이미 살펴본 바 있다. 일본은 중일전쟁 후 조선인들을 전쟁터로 동원하기 위해 내선일체 등 황국신민화를 한층 더 철저히 했으며[205] 국민개병, 국민개학 등의 기치를 내걸면서 소학교의 이름을 국민학교로 바꾸기도 했다. 이때 국민이 강조된 것은 조선인도 일본 국민이라는 것을 알리기 위한 것이며, 조선인도 일본을 위해 목숨을 바치도록 세뇌시키기 위한 것이었다. 또한 해방 후에도 국가 권력에 의해 '국민'이 강조된 경우, 이것이 진정한 비판과 정치 참여를 유도하기 위한 것이 아닌 동원을 위한 것이었다는 점은 자명하다.

이처럼 우리나라에서 근대적 개념들은 친일과 동원의 이

데올로기로 작용한 측면이 강했으며 이는 앞으로 살펴볼 민권 개념에서도 마찬가지로 나타나는 문제이다.

3. 민권과 군권

민권은 민의 권리, 즉 'people's rights'라고 할 수 있다. 여기서 '권리'는 상호 갈등하는 개인들의 권리이며 로크식의 신체와 재산에 관한 권리는 이미 살펴보았다. 민이 각 개인들의 집합체를 의미한다면, 민권은 여전히 이러한 '개인들의 권리들'이라고 하는, 즉 단수에서 복수로 옮겨간 차이밖에는 없을 것이다. 실제로 로크 사상에서 나타나는 민권, 즉 'people's rights'는 어떤 특별한 의미를 가지는 것이 아니라 단지 '개인의 권리'의 복수를 지칭한 것이다. 즉 그것은 개인의 신체, 자유, 재산의 권리이다.[206]

그러나 만일 '민의 권리' 개념이 더 확대되어 정치 참여의 논리로까지 발전한다면 그때의 민은 모든 사람을 지칭하는 것이 아닌 사회 내의 특별한 계급을 의미하게 된다. 앞서 살펴본 바와 같이 루소의 'people'은 정치적 권리를 갖지만 그때의 'people'은 한 사회 내에서 극소수인 계급으로서 서민을 제외한다. 또한 자유주의자들이 주장하는 선거제도는 일관되게 서민의 견해가 과도하게 대표되지 않도록 하는 데 초점을 두고 있다. 〈독립신문〉도 마찬가지로 민의 일반적인 정치 참여를 주장하고 있지 않으며, 선거제도에 대해서는 지방관에 국한시키고 있다.

그리고 그나마 이러한 일부 유산자 계급의 정치적 권리마저도 그 목적은 공적인 것에 있는 것이 아니라 유산자 각 개인들의 재산 보호에 있다. 이사야 벌린에 의하면, "자유주의자들에게 통치에 참여하고자 하는 권리, 즉 정치적이며 적극적인 권리의 주된 가치는 그들이 소유하고 있는 것의 보호에 있으며 따라서 개인적 자유의 보호를 의미한다."[207] 그러므로 이들의 민권은 민주제에서보다 법의 지배가 확실하게 보장받는 한 오히려 권위주의적 정부에 의해 더 보호될 가능성이 높다. 왜냐하면 다수의 서민을 포함한 민의 권력을 의미하는 민주제는 얼마든지 개인적 소유에 대해 제재를 가할 수 있기 때문이다.[208] 따라서 자유주의에서의 민권 개념은 민주주의와는 별반 관계가 없으며 도리어 그것과 반대될 가능성이 더 높은 것이다.

위와 같은 서구의 민권 개념에 대한 고찰은 그동안 있었던 〈독립신문〉의 민권 사상에 대한 해석에 완전한 수정을 요구한다. 제2장에서 이미 살펴본 바와 같이 기존의 〈독립신문〉의 민권론에 관련해서는 두 경향이 있었다. 하나는 전통적 입장으로서 〈독립신문〉의 민권 사상을 근대적이고 민주적인 것으로 높이 평가하는 것이고, 다른 하나는 최근에 나타난 비판적 입장으로서 〈독립신문〉에 나타난 우민관에 주목하여 개화파들의 엘리트주의에 대해 비판하는 입장이다. 전자가 갖고 있는 문제는 〈독립신문〉에 나타난 민권 개념에 대해 철저히 분석하지 않았다는 것과 〈독립신문〉이 갖고 있는 우민관에 대해 침묵하거나 아니면 당시의 어쩔 수 없는 한계로 보고 그냥 지나친다는 것이다. 후자가 갖는 문제는 〈독립신문〉에 나타난 우민관에 대해서는 비판하면서 민의 권리를 주장한 부분에 대해서는 별다른 언급을 하지 않고 있다는 점이다. 즉 두 가지 경향 모두 자신의 주장과 벗어나는 부분에 대해서는 별다른 언급을 하지 않고 있는 점이 문제인 것이다.

그러나 사실상 〈독립신문〉에 나타나 있는 민권 개념과 우민관은 상호 밀접한 관계가 있다. 두 개념은 상호 모순된 것이 아니라 자유주의 사상의 일관된 논리 안에 내재되어 있는 것이라고 할 수 있다. 앞서 살펴본 바와 같이 자유주의의 민권 개념이 개인들의 재산, 생명, 자유의 보호이며, 사회의 대다수를 차지하는 서민들의 참여를 배제시키고자 하는 것이라면, 민권 개념과 우민관은 오히려 필연적으로 관련을 맺는 것이라 하겠다.

〈독립신문〉에 나타난 민권 개념은 우선, 앞서 언급한 서구 자유주의 전통에서의 민권 개념으로, 자의적 권력 앞에서 보호받아야 하는 개인들의 권리를 의미한다. 예를 들면, 관인이 무리하게 백성들의 재산을 빼앗거나 생명을 위협하는 경우 이를 방지하기 위해서 민권이 성해야 한다고 하고 있다.[209] 대체로 〈독립신문〉의 민권론을 높이 평가하고 있는 연구들은 이와 같은 개인의 권리, 즉 재산과 생명의 권리를 주장한 부분들을 근거로 제시하고 있다.[210]

〈독립신문〉에 자주 보이는 민권의 또 다른 내용은, 조선 백성은 민권이 무엇인지 모르므로 함부로 그것을 주어서는 안 된다고 하는 것이다. 즉 "조선 백성들은 몇백 년을 자기 나라 사람들에게 압제를 받아 백성의 권리라 하는 것은 당초에 다 잊어버렸고 또 무슨 뜻인지도 모른"[211]다는 것이다. 더 나아가 〈독립신문〉은 하의원에 대한 설명을 하면서 "하의원이라는 것은 백성에게 정권을 주는 것"인데 "우리나라 인민들은 몇백 년 교육이 없어서 정부가 뉘 손에 들던지" 또는 "어느 나라 속국이 되던지 걱정 아니 하며 자유니 민권이니 하는 것은 말도 모르고 혹 말이나 들은 사람은 아무렇게나 하는 것을 자유로 알고 남을 해롭게 하여 자기를 이롭게 하는 것을 권리로 아니 이러한 백성에게 홀연히 민권을 주어서 하의원을 설시하는 것은 도리어 위태함을 속하게 함이라"[212]고 하여 오히려 민권을 주어서는 안 된다고 하고 있다. 이와 같은 입장은 전통적인 민의 개념이 백성과 일치하므로 이때 민권은 벼슬하지 않은 자, 피치자, 민중의 권리가 될 수 있기 때문에 이것을 배제하고자 한 것이다. 즉 민권이 개인의 천부적 권리 또는 재산권을 의미하는 서구적 의미를 가지면 보호하고, 그것이 동양적 민의 개념을 담아 다수 민중의 권리를 의미하면 반대하는 것이다.

마지막으로, 〈독립신문〉에서 보이는 민권은 그 자체에 목적이 있다기보다는 군주와 국가를 위해 존재하는 것으로 볼 수 있다.

> 백성마다 얼마큼 하느님이 주신 권리가 있는데 그 권리는 아무라도 빼앗지 못하는 권리요 그 권리를 가지고 백성이 백성 노릇을 잘 해야 그 나라 님군의 권리가 높아지고 전국 지체가 높아지는 법이라.
>
> – 〈독립신문〉 1897년 3월 9일자, 논설

앞의 글은, 백성들은 하느님이 주신 아무도 빼앗을 수 없는 권리를 갖고 있는데 그 권리를 갖고 백성 노릇을 잘 해야 임금의 권리가 높아지고 전국 지체가 높아진다고 하고 있다. 즉 서구적 천부인권 개념과 더불어 백성의 권리가 군주와 국가를 위한 것이라는 동양의 전통적 입장이 동시에 나타나고 있다. 〈독립신문〉에서 가장 많이 보이는 민권 사상이 바로 이와 같은 특징을 갖고 있다. 이 같은 군권의 옹호는 〈독립신문〉의 논조가 정부에 대해 날카로운 비판을 가하는 1897년 이후에도 마찬가지로 보인다.

이런 군권에 종속된 민권에 대해서는 여러 가지 해석이 가능하다. 첫째로는 당시 외세의 침략을 앞두고 있는 우리나라의 상황에서 군권에 대한 반대는 곧바로 국권 약화의 위험을 수반하는 것이므로, 군권 옹호는 애국주의와도 연결될 수 있다는 점이다. 앞에서 살펴본 바와 같이, 최근의 연구들은 독립협회 일부 회원들의 지나친 민권 주장이 오히려 국권을 약화시키려는 의도와 관련이 있다는 것을 보여주고 있다. 둘째로 군권에 대한 옹호는, 당시 개화파들의 민에 대한 불신과 함께 다른 형태의 정부는 좀 더 개화한 국가에서나 가능한 것으로 생각했던 것의 결과이기도 하다는 점이다. 이렇게 되면 군권에 대해서는 옹호를 하든 반대를 하든 모두 비판받게 되는 딜레마에 빠진다. 마지막으로, 군권에 대한 옹호는 앞서 언급했듯이 자유주의 사상과 얼마든지 양립 가능한 것이며 더 나아가 자유주의는 군주제를 더 선호할 수 있다는 설명이 가능하다.[213] 즉 자유주의자들은 다수를 차지하는 민중에 의한 지배보다는 법의 통치가 보장되는 한 군주제와 같이 권위주의적 정부를 더 선호하며[214], 이는 두 번째 경우와 같은 민에 대한 불신 때문이라기보다는 민에 대해 위협을 느끼기 때문이라고 보는 것이 더 적절하다. 이렇듯 '군권'은 그것을 민권과의 관계로 보는 이론, 사상의 문제, 애국이냐 친일이냐 하는 현실적, 역사적 문제, 또한 민에 대한 입장이라고 하는 계급적 문제 등이 얽혀 있는 매우 복잡한 개념이라 할 수 있다.

우선 〈독립신문〉에 나타난 군권에 종속되는 민권은 유학에서 비롯된 것이라고 할 수 있다. 유학의 중심 개념은 분명 '민'이 아니라 '군'이다. 단, 군의 논리는 필연적으로 민의 논리와 연결될 수밖에 없다. 그러므로 유학에서 '민'은 독자적으로 추구되는 것이 아니라 '군'의 문제를 서술하는 과정에서 부수적으로 제기되는 형식을 취하며[215] 민은 군을 위해 존재한다. 유학 사상과 마찬가지로 〈독립신문〉은 군권의 절대 우위, 군주에 대한 민의 절대 충성을 주장하고 있다.[216] 또한 유학에서 천자인 군이 민의 어버이로서[217] 군과 민은 서로 사랑해야 하는 것과 마찬가지로 〈독립신문〉도 군주와 백성 사이를 정으로 표현하고 있다.[218]

그러나 군권에 대한 비판이 반드시 민중적이거나 애국적인 것만은 아니다. 독립협회 내에서 벌어졌던 군민 관계에 관한 논쟁을 보면, 앞서 언급했듯이 군권에 대한 반대가 친일과 관계되었음을 알 수 있다. 주진오에 의하면, 독립협회 회원 중 윤치호-남궁억 계열은 강력한 전제군주권을 바탕으로 개혁 지향적인 민과 결합하여 운영되어나가는 군주제를 상정한 반면, 일본과 내통한 안경수와 정교 계열은 군민공치론에 입각하여 군주권을 제한하고 개명 관료 독재를 구상했다.[219] 그렇기 때문에 왕권 강화를 주장했다고 해서 비민주적이라고 비판하거나 왕권 제한과 의회 개설을 주장했다고 해서 민주적이라고 옹호할 수만은 없다. 그러나 그렇다고 해서 친일 여부만을 가지고 어떤 사상을 판단할 수는 없다. 왜 냐하면 만일 안경수 계열이 친일을 하지 않았거나 우리나라 가 일본이 아닌 러시아 등의 지배를 받았다고 한다면 또다시 왕권 제한 및 의회 개설론은 재검토될 것이기 때문이다. 즉 사상은 친일 여부와 관계 없이 그 내적 논리만으로 판단할 수 있어야 하는 것이다.

그렇다면 왕권제한론은 그것을 제안한 자의 친일 행적이 없었더라면 비판할 수 없는 것인가? 즉 그것을 주장한 자가 애국적 인사였다 하더라도 비판할 수 있는 문제인가? 우리 는 이 문제에 답할 수 있어야 한다. 그 질문에 대해서는, 군주 권은 반드시 부정되어야만 민주적인 것은 아니다라는 답이 제시될 수 있을 것이다. 오히려 일정한 조건과 관련해서는 민의가 강력한 군주권을 요구할 수 있다. 즉 군주권은 일정 한 조건과 관련하여 자유주의자들이 선호할 수 있는 것과 마 찬가지로, 민중 역시 일정한 조건과 관련하여 강력한 군주를 필요로 한다.

우선, 강력한 군주는 '위기'와 이런 위기 앞에 흩어진 민중 들을 하나로 통합시킬 '전설적 지도자'가 되어야 한다. 이탈 리아의 사상가이자 혁명가 안토니오 그람시Antonio Gramsci 에 의하면, 마키아벨리의 '군주', 즉 '책략가'는 집단 의지를 일으키고 조직하기 위한 존재이다. 즉 흩어진 민중에게 영향 을 끼칠 구체적 환상에 대한 창출이 군주에게 요구된다. 당장 눈앞에 임박한 엄청난 위험의 존재는 군주로 하여금 급속한 정치적 행위를 요구하며 빠른 속도로 열정과 열광을 불러일으키고, 군주의 카리스마를 파괴할 수 있는 모든 비판을 일소시킨다.[220] 즉 그람시 역시 위기 앞에 놓인 이탈리아를 구하기 위해 국민 통합을 이루어내고 비판과 반대를 허락하지 않는 책략가로서 군주의 존재에 대한 필요성을 인정한 것이다. 마르크시스트로서 지배 계급과 국가 권력에 비판적인 그람시마저도 이러한 주장을 하고 있는 것을 볼 때, 풍전등화 같은 당시 우리나라의 상황하에서 독립협회 일부 회원들이 군권 제한과 의회 개설 같은 논의를 했다는 것은 결코 애국적이거나 민중을 위한 논의였다고 할 수는 없다.[221] 오늘날 대체로 많은 한국인이 당시 외국의 침략을 앞둔 조선의 위기 상황에서 고종이 카리스마를 발휘하는 더 강력한 군주가 아니었던 점을 아쉬워한다. 만일 그가 강력한 군주였다면 우리 역사는 많이 달라졌으리라는 것이다. 또한 그 당시 우리 민중은 강한 군주가 혼란을 극복하고 근대화를 자립적으로 추구할 것을 바랐다.

예컨대 '북한 민주화론'을 보자. 북한 김정일의 퇴진과 북한 사회의 민주화를 요구하는 것이 지금 상황에서 북한 인민을 위한 것이 아니라는 점은 자명하다. 또 박정희의 독재가 근대화를 가져왔다고 평가하는 우리 사회 일각의 의견을 보자. 물론 김정일과 박정희의 권력은 어떤 의미에서건 정당화될 수 없다. 그러나 만일 그 두 사람에게 있어 강한 민의의 뒷받침, 즉 민주주의라고 하는 정당성 문제가 해결된다면 그들은 시대가 필요로 하는 카리스마적 인물로 기억될 수도 있는 것이다. 물론 그러한 권력은 단지 위기시에만 일시적으로 존재해야 한다는 것은 자명하다. 그리고 그렇지 못할 위험, 다시 말해 독재가 지속될 가능성이 있다는 것 역시 인정된다. 그러나 박정희나 김정일은 국민의 뜻에 의해 권력을 장악한 인물이 아니라 쿠데타와 세습에 의해 권력을 잡은 인물이기 때문에 등장할 때부터 독재자며 따라서 독재를 당연히 지속할 인물이라고 할 수 있다. 그리고 현재, 우리 사회 일각에서 일부 우익 인사들은 포퓰리즘populism, 홍위병 등을 거론하며 강한 개혁을 원하는 민의를 애써 폄하하고 있는데 '민의의 실현'이 민주주의가 아니라면 과연 무엇이 민주주의인지 반문이 든다.

4. 위민과 민본

만일 군권의 우위를 유지한 채 백성을 위하는 사상이 있다면 그것은 위민, 애민 사상 또는 민본 사상일 것이다. 〈독립신문〉은 유교를 배척하면서도 군권은 옹호하는 입장이었기 때문에, 위민, 민본 사상을 강조하는 것이 자연스러운 결과처럼 여겨진다. 더구나 백성에 대한 사랑, 즉 애민 사상은 그들이 추종하는 기독교적 정신에도 일치한다. 그렇기 때문에 애민, 위민에 대한 언급이 민권에 대한 언급보다 훨씬 많다. 이러한 위민에 대한 언급이 주로 〈독립신문〉의 민권론을 높이 평가하는 연구들의 근거가 되고 있는데, 민권론과 위민, 민본 사상은 그 출발부터 결론까지 서로 매우 다른 사상이라고 하겠다.

민권론은 서구에서, 유산자 계급에 한정되기는 했지만 자의적 권력에 반대하여 아래로부터의 요구에 의해 생긴 사상이다. 그렇기 때문에 〈독립신문〉도 민권은 아직 우리나라 백성에게 쉽게 줄 수 있는 권리가 아니라고 했다. 그러나 위민 사상과 민본 사상은 동양에서, 제후의 지배를 쉽게 하기 위해 위에서 생긴 사상이다. 사실상 절대적 권력을 갖는 군이 애초부터 군이 민을 사랑해야 할 이유는 없을 것이다. 유학에 애민, 위민 사상이 등장하게 된 것은 춘추전국시대에 제후들이 전쟁으로 점철된 세월을 보내면서 자신을 위해 목숨을 바칠 다수의 민중을 확보하기 위해서였다. 즉 여러 계층 집단 중 수적으로 가장 많은 집단의 지지를 얻는 것보다 효과적인 자기 보전책이 없음을 체득하게 된 것이다. 춘추전국시대는 권력들 간의 무한 경쟁으로 인해 민의 위상이 다른 어느 시대보다도 높게 평가된 시기이다.[222] 그렇기 때문에 맹자는 "걸桀과 주紂가 천하를 잃은 것은 그 백성을 잃었기 때문이다. 그들이 백성을 잃은 것은 그 백성들의 마음을 잃었기 때문이다. 천하를 얻는 데에는 도가 있다"고 했고《대학》에서 "민중을 얻으면 나라를 얻게 되고, 민중을 잃으면 나라를 잃게" 된다고 했다.[223] 순자는 민을 얻기 위해서는 그들을 평안하게 해야 한다고 했고 "어진 이가 다스리는 나라는 자기 나라를 안전히 유지할 뿐만 아니라 남까지도 아울러 다스리게 되는 것이다"라고 했다.[224]

또한 백성이 근본이라고 하는 민본 사상은 정권 교체 즉 역성 혁명을 정당화하기 위해서 제기되었다. 군은 천天의 명령을 받은 존재이므로, 정권을 멸망시키기 위해서는 천심이 그 정권을 떠나야만 가능하다. 그럴 때 천심의 근거가 있어야 하는데 그것이 민심이다. 천이 군주에게 자신을 대신하여 백성을 사랑하라고 명령했기 때문이다. 그런데 새 정권이 자신의 집권을 정당화하고자 할 때 그리고 마침 민심도 기존 정권에서 멀어졌을 때, 이는 군주가 천명을 어긴 것으로 해석하고 새 정권은 자신들의 집권이 천명을 지키기 위한 것으로 정당화한다. 그러므로 이때 민이 천명의 근거로서 '근본'이 되는 것이다. 즉 민본 사상은 왕권을 교체 또는 강화하기 위한 천명사상의 논리적 근거로 등장한 것이라고 볼 수 있다.[225]

마지막으로, 위민, 민본 사상은 민을 철저하게 통치의 대상으로만 파악하고 있다는 것을 알 수 있다. 민을 사랑해야 하는 이유로는 천명 외에도 민의 본성 자체가 그것을 요구하기 때문이기도 하다. 즉 "민의 마음은 무상하여 오직 사랑해 주는 사람을 따르고", 사士와는 달리 언제나 이익이 보장됨으로써만 그 따르는 마음을 일정하게 유지할 수 있기 때문이다.[226] 유학 속에서 민이 최대한 주체적인 모습으로 나타나는 경우는 불만하는 경우로서, 이것이 역성 혁명의 조건이 되며, 도덕적 정치는 이러한 불만하는 민을 복종하는 민으로 만드는 조건을 충족시키기 위한 것이다.[227] 즉 역설적으로, 민을 위하고 민이 근본이 되는 이유는 그들이 군이나 사와는 달리 불완전한 존재이기 때문이다.

5. 반대의 권리와 민란

민권과 군권, 위민과 민본 사상을 통해 살펴본 바와 같이 민은 불완전한 존재로 늘 통치의 대상으로서만 존재한다. 그러므로 이러한 민이 저항권을 갖는다든지 또는 변혁의 주체가 된다는 것은 상상할 수 없다. 그것은 서구 자유주의 사상도 마찬가지다. 로크는 입법자가 인간의 재산권을 파괴하거나 인간을 노예 상태로 만들려고 할 경우 그때는 이미 사회 상태가 아닌 전쟁 상태이므로 저항이 가능하다고 했으며 무력이 행사되는 것은 반드시 부당하고 불법적인 무력에 대항

할 경우에 한해서라고 했다.[228] 즉 기존의 합법적인 사회 질서를 부정하는 권리는 인정하지 않고 있다. 또한 유학에서 민이 할 수 있는 최대한의 권리 행사는 '떠나는 것'이다. 즉 "임금이 그 도道를 잃었으므로 민이 흩어진 지 이미 오래이다"라는 구절과 "국가가 정치를 그르치면 선비도 백성도 가버리는 것이다"라는 구절을 볼 때[229] 군과 국가가 잘못할 경우 민이 할 수 있는 최대한의 저항은 떠나는 것이다.

〈독립신문〉도 마찬가지로 의병 활동과 같은 민의 저항권을 절대로 인정하지 않고 있다. 단 예외적으로, 민이 정부에 반대하는 것이 진보에 필요하다고 주장한 부분이 있는데, 이는 독립협회가 수구파 정부에 대해 적극적 반대 운동을 전개하면서 민의 동참을 촉구하고 정부에 대한 비판적 입장을 표현한 경우였다. 이 경우, 앞서 국민 개념에서 나타난 바와 같이 민의 정치적 '참여'보다는 이들의 '동원'을 위해 민의 반대할 권리를 주장했다고 보는 것이 타당하리라. 즉 자신들의 활동에 민을 끌어들이기 위한 근거로 활용한 것이다. 자신들이 주도하지 않은 운동인 의병활동에 대해서 시종일관 폄하하고 있는 것과 그들의 우민관을 공공연히 내보이고 있는 점 등이 근거가 될 수 있다.

〈독립신문〉이 수구파 정부와의 갈등으로 인해 비판적 논조를 취하기 시작한 1897년 봄 이후, 집회와 토론의 중요성에 대해 언급하는 한 논설이 실렸다. 서양의 경우 나라에 기

쁜 일, 언짢은 일이 있을 때마다 인민들이 모여 의논, 연설,
설명하고 언짢은 일에 대해서는 다시 그런 일이 생기지 않도
록 방책을 연설하고 설명하는데, 동양에는 도대체 이러한 일
이 없다고 한탄한 내용의 글이다.[230] 〈독립신문〉은 이 글을
통해 이후에 활발한 활동을 벌이는 독립협회와 만민공동회
의 중요성을 간접적으로 제시했다고 하겠다. 또한 독립협회
의 정부에 대한 비판적 활동이 한창일 때 '반대의 공력'이라
는 제목의 글이 〈독립신문〉에 실렸다. 그 내용에 따르면 첫
째, 백성들이 불평하는 것은 정부가 일을 잘못했기 때문이므
로 정부는 백성이 불평하는 것을 싫어하지 말고 일을 잘해서
불평이 없도록 하라는 것이고, 둘째로는 시비와 공론이 많을
수록 나라가 개화된다고 하면서 영국이 세계에서 가장 부강
한 이유는 영국 사람들이 불평을 많이 하기 때문이라고 말한
다. 셋째로는, 새의 날개가 공기의 압력을 받아 높이 날 수 있
는 것과 마찬가지로 반대가 있어야 진보가 있는 법이라고 하
면서, 정치도 이와 마찬가지로 반대당이 있어야 발전한다고
말한다. 마지막으로, 백성은 이러한 이치를 깨달아 정부에서
잘못하는 일이 있으면 시비하고 반대하여 정부가 방심하지
않도록 하라고 권하고 있다.[231]

독립협회의 활동이 얼마나 치열했는가 하는 것은, 〈독립신
문〉이 소개하는 독립협회 활동에 대한 국왕의 조서를 보면
알 수 있다. 조서를 보면, 외국의 경우 "협회도 있고 국회도

있다는데 협회라 하는 것은 백성들이 사사로이 베푸는 바이니 다만 공동하여 강론이나 하자는 것이고 국회라 하는 것은 국가에서 공립하는 것이니 이에 나라와 백성의 이해를 의론하여 결정하는 바"인데, 본국에 생긴 협회의 경우 개명 진보에 도움이 되긴 했으나 "처소를 떠나 회를 열고 상소를 봉하여 궐문을 지키고 대관을 협박하여 탕탕히 방한이 업는 것은 비록 국회라도 또한 이런 권리가 없거던 하물며 협회랴" 하면서 독립협회 활동의 월권과 불법성을 지적하고 있다.[232]

독립협회는 1896년 7월 2일 독립문과 독립공원 창설을 위한 고급 관료 클럽으로, 고종의 협조와 함께 개화파 인사와 고위 관료의 참여로 이루어졌다.[233] 그러나 이후 수구파가 집권하자 정부와 갈등을 일으키면서 상소 등을 통해 전체 의정부 대신의 무능을 비난하고 새 인물로 교체할 것을 강력하게 주장했다. 1898년 10월에는 관민공동회를 일방적으로 열어 관료들의 참석을 요구하고는 중추원 의관의 반을 독립협회가 뽑을 것을 요구하는 헌의6조를 채택하게 하는데 이 요청은 받아들여졌다.[234] 그러나 이후 고종이 헌의6조가 반강압적으로 이루어진 것을 알고는 협회에 대한 혁파령을 내리고 협회 지도자들을 구속했다.[235] 그러나 고종은 치안에 더욱 힘쓰고 정해진 장소에서 행해지는 토론은 막지 말아 인민으로 하여금 지식이 발달하게 하라고도 했다.[236] 독립협회측은 이에 대해 만민공동회 개최로 맞섰고, 고종은 다시 독립협회 회원 17명을 중추원 의관으로 임명했다. 그러나 이후 독립협회에 대한 친일파의 자금지원설이 나돌자 만민공동회의 참석자 수는 감소되었고[237] 12월 이후에는 독립협회를 규탄하는 상소문들이 잇따랐다. 상소문들에 의하면 독립협회의 월권이 지나치므로 다시 혁파해야 한다는 것이었다.[238]

이 같은 사실을 볼 때 민에 대해서는 그토록 법과 직분을 지키라고 강조하는 독립협회가 자신들의 활동과 권력을 위해서는 월권과 불법을 불사하는 이중적 태도를 보이는 것을 알 수 있다. 또한 이들이 정부에 대한 비판 또는 백성의 반대할 권리 등을 주장하고 있는 것은 그 자체를 중요하게 생각해서라기보다는 그 당시 수구파 정부와 개화파 간의 알력 관계의 결과로 보는 것이 옳다. 왜냐하면 자신이 주도하지 않은 반대운동인 동학이나 의병 등에 대해서는 예외 없이 날카로운 비판을 하고 있기 때문이다.

이들이 동학과 의병 활동에 대해 비판하고 있는 내용을 보면 첫째는, 그것이 명분이 없고 불법이기 때문이다. 이는 〈독립신문〉이 동학과 의병을 "소위 의병", "소위 동학 무리", 또는 "비도와 동학"이라고 칭하고 있는 데서도 알 수 있다.[239] 그러나 이는 역설적으로 의병과 동학이 명분을 갖고 일어난 운동이라는 것을 이들도 알고 있다는 얘기이다. 한 영문 논설에서는 의병에게 보내는 희천 군수 정광국의 편지를 소개하고 있는데 그 내용을 보면 "우리는 의병righteous army이라들었지만, 너희의 행동을 보면 도둑에 불과하다"고 하면서 "너희는 양의 얼굴을 했으나 늑대의 마음을 가졌다"고 하고 있다. 그러면서 의병은 가장 나쁜 종류의 겁쟁이들로 외국인을 이 땅에서 몰아낸다고 하면서 외국 병사를 보면 숨기 바쁘며, 가장 비열하고 천한 종류의 강도들로서 단지 법을 지키는 시민들을 희생하여 살려고 하는 목적만을 가졌다고 비난하고 있다. 그들은 폐하에게는 역적이고 인민의 적으로, 자신은 왕과 나라의 법에 대한 사랑으로 더욱 용감하고 강한 지역 군대를 조직하여 이들을 통해 그 지역에 나타나는 누구라도 없앨 것이라고 하고 있다. 〈독립신문〉은 이런 내용을 전하면서 그 군수의 애국심과 담대함을 기뻐하며 이러한 군수가 많이 있기를 희망한다고 말한다.[240]

그렇다면 이 같이 의병운동을 비판하면서 정부에 대해 '반대할 권리'는 어떻게 정당화하는가? 〈독립신문〉은 당시 지방에서 일어나고 있는 민란을 현 정부에 대한 반대라기보다는 정부 자체에 대한 반대로서 무정부주의라고 보고 있다. 또한 의병 운동은 중앙의 통제가 느슨하기 때문에 벌을 피할 수 있을 것을 알고 행하는 불법적인 폭동에 불과한 것으로, "강도로 돌변해서 잃을 것이 없고 얻을 것이 많은 자들이 소매치기를 하는 중인 것"으로 보고 있다. 또한 "많은 지방 백성들은 평화로이 그들의 일상의 일을 하고자 하나 소위 의병이라고 하는 것의 두려움 때문에 그럴 수 없다"고 하면서 "지방 백성의 다수가 이 같은 무정부주의적 행동에 참여하리라고 생각하지 않는다"고 하고 "서울의 학식 있는 사람들의 생각도 이와 같다"고 덧붙이고 있다.[241]

이들이 의병과 동학을 비판하고 있는 두 번째 이유는 이들이 개화파와 서양, 일본에 반대하기 때문이다.[242] 또한 〈독립신문〉은 의병이 처음 일어난 것이 전 정부가 "열리지 못한 백성을 억지로" 머리를 깎게 했기 때문이라고 하면서 정부에 있던 사람들 일부도 이 운동에 관계되어 있다고 하며 수구파도 함께 비판하고 있다.[243] 〈독립신문〉은 수구파를 비판하는 이유 중 하나로 이들이 동학과 친하다는 것을 들고 있는데, 이는 〈독립신문〉이 수구파보다는 동학을 더 증오했다는 것을 알게 해준다. 예를 들어, 〈독립신문〉은 학부대신 신기선이 국문 쓰는 것을 반대하는 등 개화에 반대하는 상소를 올린 것과 관련하여, "인천 제물포 백성들이 편지하기를", "학부대신이 이런 무례한 말을 하니 소위 의병인지 동학과 상종이 많아 아마 그 사람들 의견과 같아진 것"으로, "이런 대신은 이때를 당하여 나라에 조금치도 유조치 안할 터이니 속히 면직을 당할수록 나라가 진보할 터이요 동학인지 의병 같은 무리도 개과천선할 듯하다고 말하였더라"[244]고 소개하고 있다.

그렇다면 이러한 동학과 의병이 일어나게 된 원인으로 〈독립신문〉은 무엇을 제시하고 있는가? 앞에서 독립협회의 활동과 관련하여, 백성이 불평을 하게 된 것은 정부가 잘못했기 때문이라고 한 것과는 대조적으로, 이번에는 인민이 정부를 사랑하지 않아서 동학과 의병이 일어난 것이라고 보고 있다.[245] 그러나 이것에 대한 해결책으로는 정부가 정치를 고쳐 백성이 정부를 사랑하도록 만드는 것이라며 이것이 변란 뒤에 간정시키는 것보다 힘이 덜 들고 해도 없다고[246] 하여 일부 정부의 잘못을 인정하고 있다.

그러나 다른 원인으로는 정부가 압제를 하지 않아 민료를 진압하지 못했기 때문[247]이라고도 하면서 국중에 소란한 일이 없게 하려면 튼튼한 군사가 있어야 하고[248], 해륙군을 통해 "동학이나 의병 같은 토비"를 "간정시킬" 수 있어야 한다[249]고 주장하고 있다. 더 나아가 외국군의 주둔을 통해 이들을 없애야 한다고 주장하고 있다. 즉 〈독립신문〉은 "우리도 대한에 외국 군사가 하나라도 있는 것을 좋아 아니 하나 지금 대한 인민의 학문 없는 것을 생각할진대 외국 군사가 있는 것이 도리어 다행"이라고 하면서, "만일 외국 군사가 없었다면 동학과 의병이 그동안 벌써 경성에 범하였을 터이요 경성 안에서 무슨 요란한 일이 있었을런지 모르기에 나라에 외국 군사가 와서 있는 것을 좋아 아니 할수록 대한 인민들은 어서 바삐 문명개화하여" "정부와 인민이 합심하여 전국에 난이란 것이 없도록" 하라는 것이다.[250]

그렇다면 그토록 동학과 의병에 대해 비판하고 있는 이들이 바람직한 저항의 방법으로 백성에게 제시하고 있는 것은 무엇인가? 한 가지는, 만일 관찰사가 법외의 일을 하면 백성은 법부에 고해서 그 행실을 알게 하라는 것이다.[251] 그러면서 원이 원 노릇을 잘 못 하는 것은 그 책임이 원보다는 백성에게 더 있는 것이라고 하면서 백성들이 합심해서 말했다면 그 원이 백성을 부리거나 법을 어기거나 못했을 것이라고 한다.[252] 즉 "말하는 것"이 그 방법이라는 것이다. 만일 원이 부당하게 인민을 대하면, "온 고을에 있는 남녀노소가 다 당한 것을 생각하여 일심으로 원에게 가서 원이 무법하게 한 말을 공손하게 경계에 마땅하게 도리에 떳떳하게 말하면 그 원이 암만 못된 사람이라도 감히 다시는 무법한 일을 그 고을 안에서 겁이나 못 할" 것이라는 것이다. 그러면서 "조선 백성은 언제든지 원통한 일을 당하여 마음에 미흡한 일이 있으면 기껏 한다는 것이 민란을 일으킨다든지 다른 무뢰배의 일을 행하여 동학당과 의병의 행사를" 한다고 비판한다.[253] 정부에 대해서도 마찬가지로 "만일 정부에서 무리한 법률을 만들든지 인민을 사랑하지 않는 관인이 있으면, 그것을 세계의 이치를 좇아 설명하면 정부에서도 순한 인민의 말을 더욱 두렵게 여길 터이니 편하고 순한 길을 버리고 난을 일으킨다든지 정부를 협박하려 하는 것은 일도 아니 되고 자기의 몸도 망하고 나라도 망하는 행실이라"[254]는 것이다.

이와 같이 인민이 원이나 정부의 학정을 막기 위해 법에

호소하거나 또는 이치를 따져 설득하는 것을 과연 실효성 있는 방법이라고 이들이 실제로 생각했는지는 의문이다. 양반 가문에서 태어나 외국 유학까지 마치고 정부 요직에 있는 인물들과 친교를 맺고 있는, 사실상 당대 최고 엘리트라 할 수 있는 개화파 인사들은 정부에 의해 부당한 일을 당했을 경우 재판을 통해 또는 독립협회 등과 같은 조직을 통해 끊임없이 문제를 제기함으로써 어느 정도 효과를 거둘 수 있을 것이고 또 실제로 효과를 거두기도 했다. 그러나 일개 지방의 원이라 하더라도, 학정을 일삼는 자라면 평민들의 말을 듣고 과연 잘못을 시정하겠는가 하는 것을 생각해볼 때 이들은 백성들에게 매우 비현실적인 저항 방법을 제시하고 있다고 봐야 할 것이다. 더구나 이들은 결코, 인민들이 "경계에 마땅하게 도리에 떳떳하게", "세계의 이치를 좇아 설명"할 수 있는 능력을 갖추었다고 생각하지 않았다. 이것은 개화파들이 인민에 대해 갖고 있던 우민관에서 잘 드러난다. 그러므로 이들의 우민관과 이들이 제시하는 저항 방법은 상호 모순된 것이다.

전후기를 막론하고 개화파는 우민관을 갖고 있었다. 김옥균은 엘리트 의식을 갖고 민중의 역량에 대해 무지하며 이들을 불신했기 때문에 소수 정예에 의한 쿠데타적 행동 양식을 취했고, 따라서 민중으로부터 외면당했다.[255] 갑신정변의 정강도 우민관에 입각하여 민중을 변혁의 주체로 인식하는 것이 아니라 교화의 대상, 지배의 객체로서만 설정했다.[256] 또한 윤치호는 "민중은 무식하고 어리석으며 품위 있고 질서 있는 운동을 일으킬 능력이 없다"고 생각했다.[257] 〈독립신문〉에 의하면, "평민은 모든 것이 순조롭게 돌아가는 한 정부에 대해서 생각하지 않으며" "무엇보다도 자신의 물건을 살 사람에게 관심이 있다." 그들은 "물건을 사고 팔 좋은 시장이 있는 한 매우 만족해한다."[258]

이들은 이러한 우민관을 가지고 있으면서, 우리나라에서는 프랑스에서와 같은 '민변' 즉 민중들의 혁명이 있을 수 없다고 주장했다. 여기서 〈독립신문〉은 동학과 의병에 대해서는 민란이라고 표현한 반면 프랑스 혁명의 경우 다른 용어인 민변이란 용어를 사용하고 있다. 이는 〈독립신문〉이 애써 프랑스의 혁명과 우리의 동학이 서로 다른 것임을 주장하고 싶어했기 때문이라 여겨진다.

〈독립신문〉이 우리나라에서 민변이 일어날 수 없는 이유로 제시하는 것을 보면, 그들의 우민관을 더욱 구체적으로 알 수가 있다. 그 첫 번째 이유는 프랑스 백성은 민권이 무엇인지 알고 있고 우리 백성은 민권이 무엇인지 모르다가 최근에서야 말이나 들었다는 것, 둘째, 프랑스 인민은 악정에 시달릴 때에도 학문이 흥해서 교육이 우리보다 훨씬 낫고 문견이 총명하나 우리는 교육이 없어 전국이 무식하고 타국과 내왕이 없어 완고하고 고루하다는 것, 셋째, 프랑스는 유명한

학자들이 책을 내고 연설하여 백성들이 자유 권리를 알고 그 것을 사용할 줄을 알아 압제 정부를 번복하고 다시 낭패를 보지 않았지만 대한에는 그런 학자들의 가르침도 없고 신문과 책도 없어서 인민이 자유가 무엇인지 모르고 사용할 줄도 몰라 자유권을 맡기더라도 어린애에게 칼을 주는 것과 같다는 것, 넷째, 프랑스는 무공을 숭상하여 민권당이 창궐할 때 각국이 쳐들어와도 명장과 정병이 싸워 타국 군사가 감히 엿보지 못하지만 대한은 불행하게도 무기를 업신여기기 때문에 인민이 잔약하고 겁이 많아 한문만 알지 남의 나라를 한번도 쳐보지 못했다는 것, 다섯째는, 프랑스 사람들은 나라를 사랑하여 모두 일심했지만 대한 사람은 사사로운 싸움에는 용감하다가도 나라 싸움에는 겁이 많아 국가는 다 망하더라도 사사 애증을 갖고 붕당만 일삼기 때문에 안 된다는 것이다.[259]

그러면서 "우리가 이같이 무식하고 조약하고 애국할 마음이 없이 어찌" 프랑스 사람들이 했던 것을 할 수 있겠는가라고 반문하면서, "부디 그러한 생각들은 꿈에도 품지 말고 다만 신문과 교육으로 동포의 문견만 넓히며 우리 분외의 권리는 바라지도 말고 대황제 폐하께서 허락하신 양법미규나 잘 시행되도록 관민이 일심하면 자연 총명과 교육이 느는 대로 민권이 차차 확장이 되어 황실도 만세에 견고케 하며 국세도 부강하게 될 일을 기약하노라"[260]고 했다.

그들은 이렇듯 민의 생각과 의지를 무시하고 불신했으며 그렇기 때문에 민의를 얻는 데도 실패했다.

　　이렇듯 개화파는 유교의 전통적인 민 개념을 공유하면서 민을 철저히 불신했다. 그들이 민권을 주장한 이유는 자신들의 개인적 권리를 주장하기 위한 것이었고, 따라서 그들의 자유주의사상은 우민관과 공존할 수 있는 것이었다.

자신이 옳다고 생각하는 대로 행동하는 것을 자유라 주장한 박영효는 친일인사가 되었고, 민권을 소리 높여 주장한 독립협회는 외국 군대를 불러서라도 동학을 진압해야 한다고 주장했다. 즉 단지 자유롭고 싶다는 '소박한' 신념이 친제국주의로 발전했으며 반민중적으로 변했다. 그리고 그러한 귀결은 자유주의의 본질 자체에서 도출될 수 있음을 살펴보았다. 최근 우리 사회에서 유행하고 있는 아나키즘, 포스트모던적 자유주의는, 그 내용을 자세히 보면 극우 이념까지 포함하고 있음을 알 수 있다. 그러나 자유주의 이념은 그것을 강제할 근거가 없다. 만일 그렇게 한다면 그것은 이미 자유주의가 아닌 것이다.

초기의 이러한 한국 자유주의가 우리에게 가져다준 또 다른 유산은 권위주의이다. 이후 이승만, 박정희 정권은 초기 자유주의의 반민중적 유산을 그대로 이어받았다. 이승만은 '우리 민족의 위대한 영도자'이며 '세계적인 대사상가'로서 "이 위대한 자유민주주의자는 시간을 아끼시어 국민계몽에 동분서주로 다망한 일과를 보내시고" "방문하시는 곳마다 자유와 민주주의의 진리를 력설계몽하시고" 민중을 지극히 아끼시는 분으로 묘사되고 있다.[261] 쿠데타의 주역인 박정희는 정통성의 문제를 안고 있으므로 자신에 대한 미화보다는 국민이 갖고 있는 문제점에 더 역점을 두었다. 즉 "하루바삐 국민 스스로가 구악에서 탈피하고 무지에서 해방되고 스스로의 운명을 정당히 결정할 수 있는 정치 능력이 향상되어야 할 것"이며, "수천 년 동안 이어받은 안일주의, 무사주의, 적당주의, 사대주의, 의타심 등 가지가지의 민족적 폐습을 시정해나가고 진정한 민주주의적인 제 권리와 의무를 올바르게 국민 스스로가 행사할 수 있도록 민주주의적 생활방식, 입헌정치의 원리, 준법정신에 관한 정치교육을" "전국적으로 실시해야 할 것이다"라고 한 것이다.[262]

이들은 또한 민주주의를 자유주의적인 것으로 전파하여 국민의 적극적인 정치 참여에 대한 언급은 피하고 개인적 권리, 의무 개념을 강조하고 있다. 차이가 있다면 이승만의 자유민주주의는 '반공'을 가장 우선시하며, 박정희의 자유민주주의는 '의무와 책임'이 따라야 한다고 주장한 것이다. 이승만의 경우, "이 위대한 지도자는 우리 민족으로 하여금 '민족의 진로'를 명시한 것이니 그에 따라 '반공, 자유, 민주주의에 입각한 민족국가'를 완성해야 된다는 것이다. (중략) 공산주의는 '자유인민의 적이요 인류의 적'이라고 리 대통령은 규정하신 것이다. 또한 '자유는 목숨보다도 고귀한 것이라'고 교시하시고 (중략) 단독북진론까지 주장하시었던 것이다. 이것은 미국을 위시하여 민주우방들의 국민에게 지대한 감명을 주었"263다고 칭송받았다. 또한 박정희는, "권리와 의무, 주장과 책임에 대한 쌍무적인 관념이 발달되지 못했기 때문에 현실적으로 민주주의 원칙은 방종의 원칙이요 민주주의적인 자유는 혼란과 무질서의 자유가 되고 말았던 것이다. 데모하고 때려부수는 자유는 있어도 법을 지키고 길거리에 흘린 종이 조각을 줍는 공중도덕은 제대로 발전되지 않았다는 것을 보아도 능히 알 수 있다. 그러기에 민정이 이양될 때까지 혁명 기간은 정신적인 면에서 볼 때는 참된 민주주의를 누릴 수 있는 국민의 정신적 기틀을 만들기 위한 국민정신 재교육기간이요 (중략) 자기의 권리뿐만 아니라 남의 권리까지도 존중하고 남과 사회를 위하여 마음과 정신을 바치는 국민봉사정신 앙양기간이라고도 할 수 있다"264고 했다.

우리는 이와 같은 자유주의의 역사를 갖고 있다. 그러나 자유주의의 그 권위적 성격에도 불구하고 자신의 자유를 지키기 위해 압박과 유혹을 이겨낸 '한 진정한 자유인' 이야기를 하면서 이 책을 마무리하고자 한다.

언젠가 텔레비전에서 가수이자 작곡가인 신중현의 인생을 다큐멘터리로 제작하여 방영한 적이 있다. 박정희 정권

시절, 그의 노래 〈미인〉이 한창 유행하다가 갑자기 금지곡이 된 것을 기억할 것이다. 그 당시 사람들은 모두 그를 천재라고 불렀는데, 그때 그 노래가 갑자기 금지된 이유는, 가사 중에 "한 번 보고 두 번 보고 자꾸만 보고 싶네"가 장기 집권을 노리는 박정희를 비난한 것이기 때문이라는 소문이 떠돌았다. 그러나 그 다큐멘터리를 통해 그 노래가 왜 금지곡이 되었으며 그가 왜 활동을 정지당했는지가 밝혀졌다. 평소 노래를 좋아하던 박정희는 〈미인〉을 듣고 무척 감동하여 그를 불러 자기가 원하는 노래를 작곡하라고 지시했다고 한다. 아마도 "쿵짝쿵짝"으로 시작하는 새마을 노래 비슷한 것을 지시했으리라. 그는 거절했고 이후 많은 고초를 겪어야 했다. 활동도 금지당했다. 그러다 정권이 바뀌고 그가 다시 활동을 재개했을 때 일본의 한 대형 레코드사가 거액을 제시하며 함께 일하자는 제의를 해왔다. 그는 기뻐하며 승낙하려고 했는데 일본 레코드사측에서 일본인으로 귀화를 조건으로 요구하자 그는 거절했다. 그에게 조국은 신물나는 존재일 수도 있었을 텐데 말이다.

그는 권력의 탄압에도 돈의 유혹에도 넘어가지 않은 진정한 자유인이라고 할 수 있다. 더 놀라운 것은 그가 그런 일을 겪었다고 해서 그것을 널리 알린다든지, 또는 자신을 투사로 표현하거나 민주 인사로 자처한 적이 없다는 것이다. 즉 그는 〈브레이브 하트〉의 멜 깁슨처럼 "자유!"를 외치지도 않았고 〈글래디에이터〉의 막시무스처럼 로마의 영광 같은 것은 없다고 냉소하지도 않을 것이다. 그는 오히려 조국의 아름다움을 노래에 담기도 했다. 그는 여전히 자신의 음악을 사랑하는 한 사람의 작곡가요, 가수로 남아 있는 것이다. 그는 자신을 자유주의자라고 표현하지도 않았다. 만일 누군가가 진정한 자유인이라면 어떤 '주의'로 자신을 묶지는 않을 것이다. 또 포스트모더니스트들처럼 강하게 '주의'를 반대하지도 않을 것이다. 사실 무엇에서부터 진정 자유롭다면 그것을 강하게 미워하지 않을 것이다.

이처럼 자유주의가 주장하는 '개인의 자유'도, 이를 진정으로 지키기 위해서는 이토록 큰 용기와 인내와 성찰을 필요로 한다. 개인의 자유는 우리에게 매우 소중한 것이다. 그러므로 그것은 적극 보호되어야 한다. 그러나 자유주의는 개인의 자유를 주장하지만 그것을 방치한다.[265] 그러므로 개인의 자유를 적극 보호하기 위해서라도 자유주의가 아닌 다른 대안이 우리에게 필요하다.

1 김균, 〈하이에크와 신자유주의〉, 《세계화와 신자유주의》(나남, 2000), 99~100쪽.

2 프랑스의 철학자 미셸 푸코Michel Foucault는 《말과 사물》의 서문에서, 보르헤스Jorge Luis Borges가 인용한《중국의 한 백과사전》의 다음과 같은 분류를 동물 나누기의 한 예로 보여주고 있다.

① 황제에 속하는 동물 ② 향료로 처리하여 방부처리된 동물 ③ 사육동물 ④ 젖을 빠는 돼지 ⑤ 인어 ⑥ 전설상의 동물 ⑦ 주인 없는 개 ⑧ 이 부류에 포함되는 동물 ⑨ 광포한 동물 ⑩ 셀 수 없는 동물 ⑪ 낙타 털과 같이 미세한 모필로 그릴 수 있는 동물 ⑫ 기타 ⑬ 물 주전자를 깨뜨리는 동물 ⑭ 멀리서 볼 때 파리같이 보이는 동물

지금 우리의 관점에서 볼 때 앞의 분류는 전혀 체계가 없고(젖을 빠는 돼지, 주인 없는 개) 비과학적(인어)이며 주관적인(광포한 동물, 멀리서 볼 때 파리처럼 보이는 동물) 분류인 것 같다. 그럼에도 불구하고 푸코는 이러한 특이한 항목들 각각에 정확한 의미와 논증 가능한 내용이 주어질 수 있다고 한다. 이것은 실재하는 동물과 상상의 동물을 세심히 구별하고 있으며 위험한 혼합의 가능성이 배제되

어 있고, 문장紋章과 우화는 그들 본래의 최고 지위로 복귀되었다고 한다.

그렇다면 오늘날의 분류는 과학적인가? 예를 들어, 딱딱한 껍질을 가진 동물(갑각류), 젖을 빠는 동물(포유류), 연체류(흐물흐물한 동물), 물에도 살고 뭍에도 사는 동물(양서류) 등으로 나누는 분류는 과연 체계적인가?

백과사전에 나와 있는 분류학을 보면, 과거 생물학에서는 주로 형태에 치중하거나 인간 생활에 필요한 기준에 따라 분류하는 인위 분류가 주를 이루었고 최근에는 진화의 경로를 추적하는 더욱 체계적인 자연 분류가 주를 이루고 있다고 되어 있다. 그러나 현재에도, 통계를 중시할 것인지 유전학을 중시할 것인지 아니면 세포학을 중시할 것인지에 따라 분류는 달라질 수 있다고 한다. 푸코는 언어, 질서, 체계는 인간에게 안락함을 주는 경험적 질서로 정립되는 것이라고 했다. 또한 스웨덴의 식물학자인 칼 폰 린네Carl von Linné 등이 이룩한 박물학은 생물학, 비교해부학, 진화론보다는 오히려 니콜라스 보제 Nicolas Beauzée의 일반문법, 존 로John Law 등의 화폐나 부의 분석에 더 관계 있다고 주장한다. 또한 푸코는 속, 목, 강 같은 분류들은 인간의 상상력 속에나 존재하는 것이라고 주장한 프랑스 박물학자 조르주 루이 뷔퐁Georges-Louis Leclerc, Comte de Buffon의 말과, 종의 분할과 같은 것은 오직 명목적인 것으로 인간의 필요나 인식 한계와 관련된 편법에 지나지 않는다고 하는 크리스챤 보네C. Bonnet의 말을 인용하고 있다.

해충, 긴팔원숭이라는 이름을 보자. 여전히 주관적이고 인간 중심적이다. 해충은 인간에게 해충일 뿐, 그것은 본질적으로 그 자체로 자신을 위해── 인간이 그러하듯── 존재한다. 때로 과거에는 해충이었던 것이 인간의 필요에 의해 익충이 되기도 한다. 긴팔원숭이는 팔이 절대적으로 긴 것일까? 인간보다 상대적으로 긴 것이다. 분류가 어려운 동물을 인간은 혐오감을 갖고 대한다. 박쥐가 그 예이다. 물론 인간들이 그것들에 이름을 붙였고——아담이 생물들의 이름을 지었다고 성서에 기록되어 있는 점은 참으로 시사적이다——또 인간들 사이의 언어이므로 그러한 구분은 어쩔 수 없다고 할 수 있다. 문제는 우리가 그것들을 '객관적 사실'이라고 생각한다는 점이다. 흔히 "뱀에게는 다리가 없다"고 말한다. 그러나 아무도 "인간은 비늘이 없다"고 말하지 않는다. 우리는 여전히 비체계성과 주관성을 벗어날 수 없다〔미셸 푸코, 《말과 사물》(민음사, 1987), 11, 17, 20, 188쪽 참조〕.

3 김원모, 〈견미사절 홍영식 복명문답기遣美使節 洪英植 復命問答記〉, 《사학지》 15집(단국대, 1981), 221쪽.

4 개인의 자유보다 규범을 앞세운 존 롤스John Rawls의 사상은 자유주의로 분류되며 사회주의적 요소를 강조한 그린Green 역시 자유주의 계보에 포함되곤 한다.

5 하버마스는 우리가 자명한 것으로 간주하는 기본권에 대해 그것은 주체의 권리와 지위가 정치적으로 자율적인 발전을 한 결과라고 말한다. 우리는 여기서 하버마스가 '결과'라고 표현한 것에 주목해야 한다. Kenneth Baynes, "Democracy and the *Rechtsstaat*: Habermas's *Faktizität und Geltung*," Stephen K. White(ed.), *The Cambridge Companion to Habermas*(Cambridge Univ. Press, 1995), 211쪽; 강재호, 〈위르겐 하버마스의 반성적 사회국가론에 대한 비판적 연구〉(인하대학교 석사학위 논문, 1996), 162쪽 참조.

6 일반적으로 시장과 국가를 대립적인 것으로 파악하고 있는데, 원래 시장과 국가는 서로 분리될 수 있는 것이 아니다. 예를 들어, 도시City라는 개념을 보자. 근대 시기에 도시는 국가와 동일한 개념이었

다. 그런데 원시적 국가라고 할 수 있는 도시의 '내용'은 바로 시장이었다. 움베르트 에코의 〈장미의 이름〉에서도 '도시가 무엇인가?'라는 질문에 '상인들이 우글거리는 시장'이라는 답변으로 대응하는 대목이 나온다. 즉 시장이라는 틀을 형성하고 유지하는 것이 국가이고 국가의 내용물이 시장이라고 볼 수 있다. 영국의 경제학자 칼 폴라니Karl Polanyi 역시 시장은 그냥 탄생하는 것이 아니라 국가와 동반할 때라야 등장할 수 있다고 했다. 최근 유럽이 단일 국가로 등장하게 된 것도 유럽이라는 단일 시장의 등장과 때를 같이하는 것이며, 이는 단일 시장을 어떻게 통제할 것인가 하는 필요에서 유럽 통합이 논의된 것이라고 할 수 있다.

7   존 롤스, 《정치적 자유주의》(동명사, 1999), 11~12쪽 참조.

8   이 예는 Amy Gutmann, Dennis Thompson, "The Constitution of Deliberative Democracy," *Democracy and Disagreement* (Cambridge, Mass.: Belknap Press of Harvard Univ. Press, 1996)을 참조했다.

9   민주주의는 필요에 따라 선택되기도 하지만 자유주의와 민주주의는 각각 지향하는 가치가 다를 수밖에 없다(Norberto Bobbio, *Liberalism and Democracy*(London: Verso, 1990), 81쪽). 보비오는 이 같은 자유주의의 규정은 신자유주의를 볼 때 더욱 정확한 규정이라는 것을 깨닫게 된다고 한다. 이 같은 규정은 서구 마르크시스트와 신자유주의자들의 사상에서 공통적으로 보이는 것이므로, 대체로 자유주의를 적극적으로 비판하거나 옹호하는, 즉 자유주의에 대해 명확한 입장을 취하는 사상가들의 규정이라고 할 수 있다(Norberto Bobbio, *Liberalism and Democracy*, 81~82쪽; Graeme Duncan(ed.), *Democratic Theory and Practice*(Cambridge: Cambridge Univ. Press, 1988), 10~11, 20쪽. 이 밖에 Anthony Arblaster, *The Rise and Decline of Western Liberalism*(Oxford: Basil Blackwell Publishers, 1984),

264~283쪽 참조).

10 1999년 겨울 시애틀에서 있었던 대규모 비정부기구들의 시위는 자
유주의와 민주주의의 결합이 현재로서는 결코 순조롭지만은 않다
는 것을 보여준다. 현재 많은 사상가들은 시장의 야만성이 민주주의
의 붕괴를 가져올 것이라고 경고하고 있다. 에릭 홉스봄Eric Hobs-
bawm은 2000년 1월 《슈피겔》지와의 인터뷰에서, 시장자본주의의
전면적인 지배는 민주주의의 붕괴를 초래할 것이라고 경고하고 있
다. 그는 자본주의가 사회주의에 대한 승리감에 젖어 스스로의 문제
들을 외면함으로써 사회 정의와 인간성을 구현하는 데 실패했다고
평가하면서 "민주주의와 시장 사이의 모순이 현재의 가장 근본적인
문제"라고 지적했다. 또한 그 역시 시애틀의 세계무역기구에 대한
반대시위를 거론하면서 21세기에는 일방적인 시장 지배에 대한 저
항운동이 벌어질 것이며 경제 성장보다는 재화의 사회적 재분배가
더 중요한 문제로 대두할 것이라고 말하고 있다.

11 대체로 자유주의의 시작으로 홉스의 사상을 드는데, 이유는 그의 사
상에서부터 개인주의가 시작되었기 때문이다(John Gray, *Liberalism*
(Milton Keynes: Open Univ. Press, 1986), x, 7~8쪽 참조).

12 중국과 한국에서의 법은 형법刑法典에서부터 시작했다고 한다. 즉
전통 법사상이 서양에서는 개인의 자유, 권리 보장과 더불어 나타난
것과는 달리, 중국이나 한국에서의 법은 위에서부터의 법이며 오로
지 치자만이 알고 있고 백성은 알 필요가 없으며 오직 복종만 하면
되었다. 즉 서양과 달리 동양에서는 근대 이전에 사법私法의 개념이
없었다. 그것은 개인 개념이 없고 사적 소유의 개념도 없었음을 나
타낸다(장경학, 〈근대 이전의 한국 법사상의 일단면〉, 《한국사상총
서》III(태광문화사, 1975), 507~510쪽).

13 1986년 양승태 교수의 〈정치사상사〉 강의 내용 중 일부를 따랐다.

14 박찬표,《한국의 국가형성과 민주주의》(고려대학교 출판부, 1997), 300~319쪽.

15 이광린,《한국개화사연구》(일조각, 1985), 15~18, 31쪽.

16 문중섭,《한말의 서양정치사상 수용》(경성대학교 출판부, 1998), 61 ~88쪽. 〈한성순보〉와 〈한성주보〉 역시 후쿠자와의 영향을 많이 받 았으며 심지어 일본 신문의 번역판이라는 주장도 있다. 이러한 주장 과 이에 대한 반론에 대해서는 차배근,〈한국 근대 신문의 생성 과정 과 독립신문: 이식설에 관한 몇 가지 의문점을 중심으로〉,《언론과 사회》14호(1996년 겨울) 참조.

17 문중섭,《한말의 서양정치사상 수용》, 165쪽. 독립협회 내에서 〈황 성신문〉을 중심으로 활동한 남궁억 등은 유교사상을 토대로 서구 근대사상을 부분적으로 수용하고자 했고 안경수-박영효 계열은 주 로 일본유학생 출신들로 일본의 영향을 많이 받았다〔주진오, 〈19 세기 후반 개화 개혁론의 구조와 전개〉(연세대학교 박사학위 논문 (1995), 144~150쪽〕. 그러나 〈독립신문〉이 나중에는 정부와 마찰 을 빚으면서 계열에 관계 없이 독립협회 활동을 적극 지원하며 이들 의 주장을 대변하기도 했다.

18 신용하,《독립협회연구》(일조각, 1976), 18~19쪽. 주시경은 독립신 문의 총무이자 조필助筆로 일했다(신용하,《독립협회연구》, 18쪽).

19 신용하,《독립협회연구》, 33~35쪽; 〈독립신문〉 1898년 11월 9일 자, "신문 업지 못할 일" 참조.

20 조휘각,〈한말 개화세력의 정치운동의 민중화 과정에 관한 연구〉(건 국대학교 박사학위 논문, 1985), 119쪽; 신용하,《독립협회연구》, 34 ~35쪽.

21 F. A. McKenzie, *Korea's Fight for Freedom*(Seoul: Yonsei Univ. Press, 1969), 67쪽.

22 〈독립신문〉 1896년 5월 23일자, 잡보, 1896년 6월 6일자, 잡보 참
조; 조휘각, 〈한말 개화세력의 정치운동의 민중화 과정에 관한 연
구〉, 121쪽.

23 조휘각, 〈한말 개화세력의 정치운동의 민중화 과정에 관한 연구〉,
132, 209쪽.

24 신용하,《독립협회연구》, 5~16, 82~83쪽; 〈독립신문〉 1896년 12
월 1일자, 잡보; The Independent, September 29, 1896, "Local Items"
등 참조.

25 〈독립신문〉 1896년 12월 5일자, 논설, 1986년 5월 5일자, 잡보 참조.

26 〈독립신문〉 1898년 5월 26일자. 이날 기사는 이승만이 독립협회 총
대위원을 지냈음을 알려준다.

27 오세응,《서재필의 개혁운동과 오늘의 과제》(고려원, 1993), 133,
137~138쪽. 그러나 해방을 전후한 시기부터 이승만은 자신의 권력
확대를 위해 서재필을 견제했고, 둘 사이의 관계는 소원해졌다. 해
방 후 서재필의 귀국이 늦어진 것도 이승만계 세력의 방해 때문이라
고 한다〔송건호,《서재필과 이승만》(정우사, 1980), 64~68쪽〕.

28 "리승만 대통령 각하의 정치 이념은 철저한 자유민주주의이며 이
에 반하는 어떠한 독재주의나 침략주의도 이를 용인하지 않는 것이
다." 공보실, 〈리대통령각하의 민주주의적 정치이념〉,《우리대통령
리승만박사》(1959), 40쪽.

29 이 같은 주장에 대해 한 나라의 지배 이데올로기가 정치 지도자의
이념만으로 설명될 수 있는 것인가 하는 반론이 제기될 수 있다. 그
러나 제3세계 국가들의 경우 대부분 위에서부터의 혁명에 의해 변
화를 경험하기 때문에 이러한 국가에 있어서는 정치 지도자들의 이
데올로기적 특성과 정책 선택의 영향을 크게 받는다〔정윤재, 〈제3
세계 발전에 대한 정치 리더십 접근 시론〉,《한국정치학회보》25집

2호(한국정치학회, 1992), 195~196쪽).

30 정진석, 《독립신문·서재필 문헌해제》(나남, 1996), 13~14쪽.

31 신용하, 이광린, 강재언 등이 대표적이다. 저서와 논문으로는, 신용하, 《독립협회연구》; 이광린, 《한국개화사상연구》(일조각, 1979); 강재언, 〈독립신문, 독립협회, 만민공동회〉, 강재언 엮음, 《한국근대사연구》(한울, 1982) 등이 있다.

32 주로 주진오, 려증동, 박성수, 이이화 등의 연구로서, 이에 대한 논문과 저서로는, 주진오, 〈19세기 후반 개화 개혁론의 구조와 전개〉; 주진오, 〈독립협회의 개화론과 민족주의〉, 《현상과 인식》 68호, (1996); 려증동, 《고종시대 독립신문》(형설출판사, 1992) 등이 있다.

33 이와 관련하여 최덕수는 독립협회 사상의 근대성과 동시에 그 내적 한계성을 같이 보아야 한다고 주장하고 있다. 즉 독립협회의 사상 내적 모순성에 주목하여, 그들이 의회개설 운동을 벌였지만 민중의 정치 담당 능력을 불신하고 강력한 군주권을 주장했다는 점, 외교에 있어서는 중립적 입장을 표방했으나 보수 관료층의 제거를 위해 러시아 세력의 진출을 적극 반대하면서 결과적으로 친일로 갈 수밖에 없었던 과정을 밝히고 있다(최덕수, 〈독립협회의 정체론 및 외교론 연구〉, 《민족문화연구》 13(고려대학교 민족문화연구소, 1978)).

34 *The Independent*, November 1, 1898, "An Assembly of All Caste" 참조.

35 이상백, 〈한국인의 사고방식의 연구방법론〉, 한국사상연구회 편, 《한국사상총서》 III(태광문화사, 1975), 589~590쪽.

36 김현철, 〈박영효의 보민과 민권신장 구상〉, 《정치사상연구》 2(2000, 봄), 265쪽.

37 많은 개화파 인사들이 후쿠자와 유키치와 교류했고 주로 그를 통해 서구 사상이 소개되었다(문중섭, 《한말의 서양 정치사상 수용》, 80쪽).

38 박영효, 〈건백서〉, 《한국정치연구》 2 (한국정치연구소, 1994), 279
～280, 287～289, 291쪽; 김현철, 〈박영효의 보민과 민권신장 구
상〉, 265쪽.

39 〈독립신문〉 1899년 1월 10일자, "언권자유".

40 맹자, 《맹자》, 〈梁惠王篇〉 (홍신문화사, 1976), 23～24쪽.

41 윤사순, 〈유학의 공리추구 의식〉, 《전통과 현대》 7 (1999, 봄), 218쪽.

42 윤사순, 〈유학의 공리추구의식〉, 218쪽.

43 박영효, 〈건백서〉, 289쪽.

44 전통사회에서는 무본억말務本抑末, 즉 근본인 농업에 힘쓰고 말단인
상공업을 억제하자는 논리가 지배적이었다〔이상익, 〈정약용 사회
사상의 새로운 지평〉, 《철학》 48 (한국철학회, 1996), 22쪽〕.

45 이는 푸코가 근대의 시작을 알리는 여러 가지 징표로서 죄수에게 노
동을 시키는 것, 즉 형벌을 경제주의적 관점으로 보는 것을 제시하
는 것과 일치한다. 〈독립신문〉 영문판에는 다음과 같은 내용도 있
다. "만일 중노동을 해야 하는 죄수들이 있을 경우, 왜 정부는 그들
에게 거리 보수를 시키고 그 공공기금으로 음식과 옷을 주지 않는
가? 이를 통해 그들은 생활을 할 수 있게 되고 동시에 정부는 더욱
저렴한 노동이란 이익을 볼 수가 있다"(*The Independent*, September.
5, 1896, Brief Notice).

46 김옥균, 〈지운영사건규탄상소문池運永事件糾彈上疏文〉, 《김옥균 전
집》 (아세아문화사, 1979), 147쪽.

47 《한성순보》 1883년 12월 9일자, "日本史略"; 강창일, 〈초기 개화파
의 근대화 구상〉, 《한국문화》 15 (1994), 397쪽.

48 〈독립신문〉 1896년 4월 9일자, 논설.

49 "총 가지고 엇는 영광과 힘 가지고 쎗는 권리는 나라마다 장구치 못

ᄒ고 학문과 쟝ᄉ 하ᄂᆞᆫ 권리 엇ᄂᆞᆫ 나라ᄂᆞᆫ 그리 익을 일ᄂᆞᆫ 법이 업고 세계에 대졉 밧고 친고 만히 엇기ᄂᆞᆫ 병권 잇ᄂᆞᆫ 나라보다 더ᄒ혼지라 일본이 병권 가지고ᄂᆞᆫ 엇을 리가 젹고 쟝ᄉᄒᆞᄂᆞᆫ 권리 가지고ᄂᆞᆫ 리 볼 일이 다만 동양 안뿐이 아니라 세계에 만히 잇스니 엇지 ᄒᆞ야 일본 졍치가들은 이 ᄉᆡᆼ각을 아니 ᄒ고 이러케 큰 돈을 외국으로 내여 보내야 군함과 싸홈하ᄂᆞᆫ 긔계를 사 드리ᄂᆞᆫ지 알 슈 업더라"(〈독립신문〉 1897년 1월 14일자, 논설).

50　*The Independent*, June 16, 1896, Editorial.

51　*The Independent*, April 18, 1896, Editorial.

52　*The Independent*, August 15, 1896, Editorial.

53　김현철, 〈박영효의 보민과 민권신장 구상〉, 260쪽.

54　〈독립신문〉 1896년 10월 6일자, 잡보.

55　〈독립신문〉 1897년 3월 18일자, 논설.

56　John Locke, *Two Treatises of Government*(London: Cambridge Univ. Press, 1967), 368～369쪽.

57　〈독립신문〉 1897년 3월 9일자, 논설.

58　〈독립신문〉 1897년 1월 19일자, 논설.

59　김병곤, 〈자유주의와 소유권 사상〉, 《사회비평》 16(1996), 182쪽. "원래 로크의 property라는 단어는 신체, 생명의 의미에서 출발하여 외부의 물질로 확대되었다. 즉, 자신의 신체는 원래 개인의 재산이라는 관념에서 출발하여 사유재산의 영역을 확대하는 장치로 기능한다"(김병곤, 〈자유주의와 소유권 사상〉, 197쪽).

60　〈독립신문〉 1897년 6월 10일자, 논설.

61　김옥균, 〈지운영사건규탄상소문池運永事件糾彈上疏文〉, 146～147쪽. 신용하에 의하면, 양반 신분제도의 폐해에 대한 김옥균의 이러한 비판은 양반제도가 산업발전과 자본 축적에 대한 가장 큰 질곡이라는

점을 강조하는 극히 자본주의적이고 근대적인 주장이다. 또한 신용하는, 김옥균 등 개화파의 이러한 주장의 배경에는 당시 신흥하는 사회 계층인 시민층의 대두가 있었다고 말했다〔신용하, 〈갑신정변의 사회경제적 배경과 전기 개화파의 개혁구상〉,《동북아》5(1997), 13쪽〕.

62 John Gray, *Liberalism*, 1쪽. 여기서는 '독립'이 '간섭의 배제'와 거의 같은 개념으로 쓰였다. 그러나 엄밀한 의미에서 간섭의 배제보다 독립이 더 적극적 의미를 갖는다고 하겠다.

63 "죠선 인민이 독립이란 거시 무어신지 모로더니 (중략) 혹 미국 독립 셔고문을 번역 ᄒ야 독립 ᄒᄂ 의리와 경계와 ᄭᅳᆰ을 공부ᄒ며"(〈독립신문〉1897년 1월 19일자, 논설).

64 김옥균은 갑신정변 이전에 '독전자주지국獨全自主之國'이라는 표현을 쓰기도 했는데 이는 '완전독립국가'라는 의미라고 한다(신용하, 〈갑신정변의 사회경제적 배경과 전기 개화파의 개혁구상〉, 11쪽). "자래로 청국이 (조선을) 스스로 속국으로 생각해온 것은 참으로 부끄러운 일이며 나라가 진작振作의 희망이 없는 것은 역시 여기에 원인이 없지 않다. 여기서 첫째로 해야 할 일은 굴레를 철퇴撤退하고 특히 독전자주지국獨全自主之國을 수립하는 일이다"(김옥균, 〈조선개혁의견서朝鮮改革意見書〉,《김옥균 전집》, 110~111쪽).

65 김옥균, 박영효, 홍영식, 서광범, 윤치호, 서재필 등이 이에 해당한다.

66 강창일, 〈초기 개화파의 근대화 구상〉, 387~389쪽.

67 〈독립신문〉1897년 8월 5일자, 논설. 여기서 '독립' 개념이 언급된 이유는 국어사전의 필요성과 사용 방법을 설명하기 위해서였다.

68 주진오, 〈19세기 후반 개화 개혁론의 구조와 전개〉, 171쪽.

69 그러나 이 논설 뒷부분의 내용은 주로 일본에 대한 비판이며, 〈독립신문〉에는 일본의 문명개화를 높이 평가하는 것과는 별도로 우리나

라와의 관계에서 일본의 태도를 비판하는 논설이 많이 실려 있다. 여기서는 독립 개념과 관련하여 원칙적으로 우리나라가 간접적으로 일본에 의해 독립된 측면이 있다는 것을 〈독립신문〉이 인정하고 있는 내용이므로 인용했다.

70 〈독립신문〉 1896년 4월 18일자, 논설, 1896년 5월 5일자, 외국통신.

71 이기동, 〈유교사상과 민주주의〉, 《동양학》 26(단국대학교 동양학연구소, 1996), 263쪽.

72 〈독립신문〉 1896년 9월 24일자, 논설.

73 《中庸·大學》, 〈大學〉, 차주환 옮김(을유문화사, 1981), 123쪽.

74 《論語》, 〈季氏〉, 차주환 옮김(을유문화사, 1983), 226쪽.

75 〈독립신문〉 1897년 6월 1일자, 논설.

76 〈독립신문〉 1896년 8월 13일자, 논설.

77 *The Independent*, July 28, 1896, Editorial.

78 *The Independent*, July 23, 1896, Editorial.

79 *The Independent*, August 20, 1896, Editorial.

80 〈독립신문〉 1896년 12월 8일자, 논설.

81 *The Independent*, April 18, 1896, Editorial.

82 *The Independent*, July 28, 1896, Editorial.

83 전기 개화파의 양반에 대한 비판은 친청수구파에 대한 비판이라고 할 수 있다.

84 주진오, 〈독립협회의 개화론과 민족주의〉, 26~29쪽.

85 최덕수, 〈후쿠자와 유키치〉, 《역사비평》 39(역사문제연구소, 1997), 246쪽.

86 이태진, 〈서양 근대 정치제도 수용의 역사적 성찰〉, 《진단학보》 84(진단학회, 1997), 97쪽. 당시 일본의 대조선 정책과 일본 유학의 현황에 대해서는 최덕수, 〈구한말 일본 유학과 친일세력의 형성〉,

《역사비평》 15 (역사문제연구소, 1991) 참조.

87 주진오, 〈독립협회의 개화론과 민족주의〉, 18~19쪽.

88 더구나 청일전쟁에서 청나라가 일본에 지고 난 후 대부분의 사람들
은 일본을 개혁의 성공 사례로 생각하고 일본이 걸어간 길을 따라
조선도 문명국이 되어야 한다고 생각했다(주진오, 〈독립협회의 개
화론과 민족주의〉, 12~13쪽).

89 Isaiah Berlin, *Four Essays on Liberty*(Oxford Univ. Press, 1969), xlv쪽.

90 전복희, 〈19세기 말 진보적 지식인의 인종주의적 특성〉, 《한국정치
학회보》 29집 1호(1995), 137~139쪽.

91 이들이 주장하는 자유주의사관이란 이데올로기와 도덕에서부터 자
유로운 역사 해석을 말한다. 이들은 미국이 일본에 강제한 반전평화
역사관과 마르크스 사관 모두를 반대한다. 이들에 의하면 역사를 움
직이는 것은 냉혹한 현실 정치의 논리이므로 선, 평화 등 도덕이 개
입할 여지가 없다. 인류는 전쟁을 피할 수 없으며 평화는 환상이다.
이들 중 한 사람인 니시오는 "우리는 '선정'을 베푼다는 자기 변호를
할 필요가 전혀 없다. 오로지 냉혹하게 강자의 논리로 시종일관해야
한다"고까지 말하고 있다(이연숙, 〈정신을 마비시키는 마취약〉, 《한
겨레21》 제 296호).

92 서재필, 〈회고갑신정변〉, 《독립신문 서재필 문헌해제》, 197쪽. 예를
들어 〈독립신문〉에는 다음과 같은 내용이 있다. "사서삼경을 읽어
가지고는 이 세계에는 무용지인이 될 터이니"(〈독립신문〉, 1896년
12월 22일자, 논설).

93 윤치호, 《윤치호일기》 2, 1890년 5월 18일(국사편찬위원회, 1974~
1980) 58~60쪽.

94 *The Independent*, Sep. 22, 1896, Editorial.

95 따라서 이들은 자신들을 조선의 평민들보다는 다른 나라 엘리트들

과 더 동일시하고 있다.

96 *The Independent*, April 21, 1896, Editorial.

97 *The Independent*, August 11, 1896, Editorial.

98 "조선에 있는 일본 사람들이 조선 사람을 대하여 년전과 같이는 대
접을 아니하나 속에 조선 사람을 업수히 여기는 마음은 그저 없어지
지 아니 하였는지라. 이것은 온통 일본 사람만 나무라지 아니 할 것
이 조선 사람들이 업수히 여김을 받지 않도록 일을 하고 행신을 하
였을 것 같으면 누가 업수히 여기리요"(〈독립신문〉 1897년 3월 9일
자, 논설).

"국중에 내란을 지어 나라에 소란하게 하는 까닭에 외국 병정들이
와서 있게 되니 이것은 외국을 나무랄 것이 아니라 조선 사람들이
자기 발등을 때리는 까닭이라. 그러하기에 아라사와 일본이 암만 약
조를 하고 암만 조선일을 관계하려고 하더라도 조선에서 조선 사람
들이 자기 일만 잘하여 갈 것 같으면 외국이 다 저절로 조선을 자주
독립국으로 대접할 터이요 외국에 치쇼 받을 일이 도모지 없을지
라"(〈독립신문〉 1897년 3월 11일자, 논설).

99 《윤치호 일기》 1892년 4월 7일; 주진오, 〈독립협회의 개화론과 민족
주의〉, 18쪽. 주진오에 의하면, 윤치호는 아직 조선에게 생존 경쟁을
할 수 있는 '공정한 기회'가 주어지지 않았다고 보았다. 그리고 그 공
정한 기회란 조선도 서양과 같은 제도 문물을 통해 부국강병 문명개
화를 이룩하려고 노력할 수 있는 기회를 말하는 것이라고 판단했다
(주진오, 〈독립협회의 개화론과 민족주의〉, 18~19쪽). 그러나 적자
생존의 세계와 공정한 기회는 상호 모순된 개념이다. 약소국에게 공
정한 기회를 주는 세계는 이미 적자생존의 세계가 아니다.

100 진복희, 〈19세기 말 진보적 지식인의 인종주의적 특성: 〈독립신
문〉과 《윤치호일기》를 중심으로〉, 《한국정치학회보》 제29집 1호

(1995), 136쪽.

101 주진오, 〈독립협회의 개화론과 민족주의〉, 16쪽.

102 유길준, 〈개화의 등급〉,《유길준전서》I(일조각, 1996), 396쪽.

103 유길준, 〈개화의 등급〉, 396~397쪽; 유영익, 〈서유견문론〉,《한국 시민강좌》7집(1990), 148쪽. 또한 유길준은 1883년에 집필한 〈세계대세론〉이란 논문에서, 세상에는 야만, 미개, 반개, 문명의 4대 문명권이 있는데 조선을 비롯한 아시아 동·서부의 나라들과 페르시아, 터키 등은 '반개의 나라'에 속한다고 말한다[김신재, 〈유길준의 정체개혁구상과 그 특질〉,《경주사학》제11집(동국대학교, 1992), 221쪽].

104 서구에서도 진보 즉 'progress'는 급진적인 변화보다는 점진적 변화를 의미한다. '진보'에 대한 근대적 개념을 완성시킨 버리J. B. Bury는 진보를 "문명이 바람직한 방향으로 이제까지 이동해왔고 현재 이동 중이며 앞으로도 이동할 것이라고 하는 것"으로 규정하면서, 이 같은 '문명의 앞으로의 이동'은 점진적이며, 인간의 사회적, 심리적 본성의 불가결한 결과로서 계속적으로 움직일 수밖에 없는 것이라고 하고 있다[W. Warren Wagar, "Modern Views of the Origins of the Idea of Progress," *Journal of the History of Ideas*, Jan.~Mar.(1967), 60쪽]. 그러나 그 당시에는 이러한 '점진적 발전'이라는 의미 자체가 매우 급진적이고 혁신적인 것이었음을 상기해야 한다. 이는 근대 이전의 고전에서 주장한 인간 본성과 이상 세계에 대한 불변성에 대한 도전이었다(W. Warren Wagar, "Modern Views of the Origins of the Idea of Progress," 60쪽).

105 김신재, 〈유길준의 정체개혁 구상과 그 특질〉, 220쪽.

106 주진오, 〈독립협회의 개화론과 민족주의〉, 19쪽.

107 진보에 대해 최초로 근대적이고 과학적인 설명을 시도한 콩트

Auguste Conte 진보를 각각 잘 정의된 단계로 분류하며, 푸코는 근대 권력의 특징 중 하나로 '분류하기'를 꼽고 있다. 즉 훈육discipline은 군대, 공장 등에서 개인들을 공간적으로 나누는 것에서 출발한 것으로 18세기 학교에서의 줄세우기, 시험제도, 학년 등을 통한 등급의 분류 등이 이에 속한다(W. Warren Wagar, "Modern Views of the Origins of the Idea of Progress," 56, 58쪽; Michel Foucault, *Discipline and Punish*(New York: Vintage Books, 1979), 141, 146~147쪽).

108 즉 "셰계에 사룸이 등슈가 여럿시 잇서 그 즁에 올흔 사룸도 잇고 그른 사룸도 잇스며 능혼 사룸도 잇고 미련혼 사룸도" 있다고 하는 것과 "국즁에 돈이 만히 모힌 즉 그 돈을 ㄱ지고 이 삼등 사룸들의게 다 유죠홀 일은 홀 터이라"라는 언급 등을 통해 사람들에게 등급을 매기고 있다. 또한 "졀믄 사룸들을 각 학교에 집어너셔 무어슬 비호던지 비호게 ᄒ고 외국 말과 다른 학문이 어지간이 된 후에는 외국에 보내여 졸업을 ᄒ고 도라 오게 ᄒ면 그 사룸은 그만 샹등 사룸이" 된다고 하여 자신들과 같은 개화파들이 상등 사람이라는 것을 암시하고 있다(〈독립신문〉 1897년 3월 6일자, 논설, 〈독립신문〉 1897년 6월 1일자, 논설, 〈독립신문〉 1896년 12월 22일자, 논설).

109 전복희, 〈19세기 말 진보적 지식인의 인종주의적 특성〉, 133쪽.

110 주진오, 〈독립협회의 개화론과 민족주의〉, 23~26쪽.

111 조지훈, 〈개화운동의 동기와 그 본질〉, 《한국사상총서》 III(태광문화사, 1975), 350~351쪽 참조.

112 〈독립신문〉 1896년 8월 25일자, 논설.

113 〈독립신문〉 1896년 6월 30일자, 논설.

114 감옥제도를 비판하는 1896년 8월 22일자 영문 논설과 같은 내용의 국문 논설이 1896년 8월 25일자 논설에 실렸는데 'civilization'

에 대응하는 의미로 '개화'를 쓰고 있다(*The Independent*, August 22, 1896, Editorial; 〈독립신문〉 1896년 8월 25일자, 논설).

115 *The Independent*, August 4, 1896, Editorial.

116 이 당시 외국은 서양을 뜻한다.

117 *The Independent*, April 23, 1896, Editorial.

118 의복에 대해서는"모두 변법을 해야 한다고 하며 태서정치를 급히 행해야 한다 (중략) 많은 말을 하나 동양에서 경장을 하려면 태서 복색을 본받는 것으로 제일책을 삼아야 한다"(〈매일신문〉 1899년 3월 4일자; 주진오, 〈독립협회의 개화론과 민족주의〉, 31쪽). 난방은 *The Independent*, July 21, 1896에 나온다. 침 놓는 것에 대해서는 "무슴 병이던지 침맛는 사롬은 죽을 터이니 침은 맛지 말지어다"라 하고 있다 (〈독립신문〉 1896년 11월 21일자, 잡보. 또한 1896년 12월 1일자, 논설에도 있음. 그 외 1896년 11월 14일자 논설도 참조).

119 주진오, 〈독립협회의 개화론과 민족주의〉, 31쪽.

120 이 당시 또는 이후의 식민지 시기에도 자유주의 사상가들은 대부분 기독교 신자였다(김동춘, 〈사상의 전개를 통해 본 한국의 '근대' 모습〉, 《한국의 근대와 근대성 비판》(역사문제연구소, 1996), 283쪽).

121 주진오, 〈독립협회의 개화론과 민족주의〉, 19쪽; 〈독립신문〉 1893년 2월 19일자.

122 〈독립신문〉 1897년 3월 13일자, 논설.

123 〈독립신문〉 1897년 1월 26일자, 논설.

124 〈독립신문〉 1897년 1월 26일자, 논설.

125 정대위, 〈한국의 근대화와 기독교〉, 《한국사상총서》 III, 396~397쪽. 이를 문화적인 이유로 설명하자고 한다면, 우리나라가 동양권에서 주로 인仁의 문화였고 이 인仁은 애인愛人사상이기 때문에 기독교 사상과 친화력을 가질 수 있는 부분이 있다고 볼 수 있다.

126 〈독립신문〉 1896년 9월 3일자, 논설, 〈독립신문〉 1897년 3월 30일 자, 외국통신.

127 〈독립신문〉 1897년 6월 5일자, 논설.

128 〈독립신문〉 1896년 12월 31일자, 논설.

129 전복희, 〈19세기 말 진보적 지식인의 인종주의적 특성〉, 141쪽.

130 주진오, 〈독립협회의 개화론과 민족주의〉, 14~15쪽.

131 The Independent, Nov. 12, 1896; 전복희, 〈19세기 말 진보적 지식인 의 인종주의적 특성〉, 134쪽.

132 《윤치호일기》 1891년 5월 12일. 또한 그는 힘이 곧 세계의 신이며 정의로서 세계는 힘에 의해 지배된다고 했다.《윤치호일기》 1890년 2월 14일; 전복희, 〈19세기말 진보적 지식인의 인종주의적 특성〉, 139~140쪽.

133 《윤치호일기》 1894년 1월 29일; 전복희, 〈19세기 말 진보적 지식인 의 인종주의적 특성〉, 142쪽.

134 〈독립신문〉 1897년 4월 6일자, 논설.

135 The Independent, April 9, 1896, Editorial.

136 〈독립신문〉 1897년 6월 24일자, 논설.

137 〈독립신문〉 1897년 6월 24일자, 논설.

138 〈독립신문〉 1896년 4월 9일자, 외국통신.

139 《윤치호일기》 1890년 5월 6일, 1890년 5월 4일; 전복희, 〈19세기 말 진보적 지식인의 인종주의적 특성〉, 139쪽.

140 《윤치호일기》 1891년 5월 12일, 1890년 3월 7일; 전복희, 〈19세기 말 진보적 지식인의 인종주의적 특성〉, 140쪽. 그리하여 지금 분개 나 격노도 우리를 도울 수 없고 먼저 강대하게 되도록 노력해야 하 며 그러면 권리, 정의, 번영이 우리에게 더해지리라고 보았다. 또한 약한 인종의 도태 원인은 약소국의 무능이고 하와이 원주민의 도태

는 그들의 게으름과 무지에서 나왔듯이, 그들의 비극적 처지는 생존
경쟁에서 이길 수 있는 능력을 키우지 않은 스스로에게 책임이 있다
고 보았다(《윤치호일기》1902년 5월 7일, 1893년 10월 14일, 1905
년 10월 30일; 전복희, 〈19세기 말 진보적 지식인의 인종주의적 특
성〉, 140쪽).

141 〈독립신문〉 1896년 8월 4일자, 논설.

142 〈독립신문〉 1896년 11월 12일자, 논설.

143 〈독립신문〉 1897년 6월 5일자, 전보.

144 〈독립신문〉 1896년 12월 8일자, 논설.

145 〈독립신문〉 1897년 2월 23일자, 논설.

146 〈독립신문〉 1897년 1월 5일자, 외방통신.

147 〈독립신문〉 1896년 12월 3일자, 논설.

148 〈독립신문〉 1896년 5월 2일자, 논설.

149 이 같은 발상은 애국주의의 과장된 표현이라고 할 수도 있지만 이렇
게 생각할 경우 우리나라에 대한 다른 나라의 침략 역시 비판할 수
없는 문제도 같이 갖게 된다. 실제로 앞에서 살펴본 바와 같이 윤치
호의 경우, 우리나라가 약해져서 다른 나라의 침략을 받게 되는 것
은 어쩔 수 없다고 말하고 있다.

150 전복희, 〈19세기 말 진보적 지식인의 인종주의적 특성〉, 138쪽.

151 〈독립신문〉 1898년 3월 26일자, 1898년 4월 7일자, 1899년 6월 17
일자, 1899년 11월 15일자; 전복희, 〈19세기 말 진보적 지식인의 인
종주의적 특성〉, 137쪽.

152 전복희, 〈19세기 말 진보적 지식인의 인종주의적 특성〉, 142쪽; 주
진오, 〈독립협회의 개화론과 민족주의〉, 12~13쪽.

153 〈독립신문〉 1896년 4월 18일자, 논설.

154 전복희, 〈19세기 말 진보적 지식인의 인종주의적 특성〉, 134쪽.

155 《윤치호 일기》1889년 5월 26일.

156 〈독립신문〉1897년 3년 16일자, 논설.

157 〈독립신문〉, 1896년 11월 14일자; 전복희, 〈19세기 말 진보적 지식
인의 인종주의적 특성〉, 134쪽.

158 이와 관련하여 〈독립신문〉은 다음과 같이 쓰고 있다. "사회세력 간
의 기존의 관계는 해체되어왔고 현재에도 빠르게 해체되고 있는 중
이다. 그들은 새로운 관계의 형성을 모색 중이다. 가까운 장래에 사
회세력의 재편의 형태가 드러날 것이다"(*The Independent*, April 7,
1896, Editorial).

159 G. 사르토리, 《민주주의 이론의 재조명》(인간사랑, 1989), 399쪽.

160 G. 사르토리, 《민주주의 이론의 재조명》, 223, 401쪽.

161 A. 로젠베르크, 《프랑스 대혁명 이후의 유럽 정치사》(역사비평사,
1990), 24쪽.

162 Arthur Kiss, *Marxism and Democracy*(Budapest: Akademiai Kiado,
1982), 23~31쪽.

163 G. 사르토리, 《민주주의 이론의 재조명》, 507~509쪽; 이극찬 엮음,
《민주주의》(종로서적, 1983), 227쪽 참조.

164 J. S. Mill, "Representative Government", *Utilitarianism, Liberty and
Representative Government*(London: J. M. Dent and Sons, Limited.,
1951), 371~372쪽.

165 Leslie Stephen, *The English Utilitarians*, Vol. 3, "J. S. Mill" (New
York: Peter Smith, 1950), 246쪽.

166 J. S. Mill, "Representative Government", 380쪽.

167 *The Independent*, November 1, 1898, "An Assembly of All Caste".

168 신용하, 《독립협회연구》, 383쪽.

169 "어느 나라 정부던지 법률과 장정을 정ᄒᆞ기ᄂᆞᆫ 여러 사름의 공론을
취ᄒᆞ고 그 정ᄒᆞᆫ 법률 장정을 시ᄒᆡᆼᄒᆞ기ᄂᆞᆫ 전일 홈을 주장ᄒᆞ고로 민쥬
공치국에도 립법은 상하 의원이 란만 샹량ᄒᆞ되 ᄒᆡᆼ졍은 ᄒᆞᆫ 길노 시
ᄒᆡᆼ홀뿐인고로 졍사가 문란치 안코 관민이 의지홀 곳 잇거늘"(〈독립
신문〉 1897년 6월 24일자, 잡보). 이 글에 의하면, 법률을 정할 때는
여러 사람의 공론을 취하고 그 법을 시행할 때에는 전일하게 해야
하는 것이므로 민주국에서도 입법은 상하의원이 여러 가지 의견을
내되 행정은 한 길로 시행한다고 하고 있다. 또한, 그래야 정사가 문
란하지 않고 관민이 의지할 곳이 있다고 하고 있다. 이 글을 쓰게 된
맥락은 당시 조선에서 정부의 훈령과 어사의 훈령이 서로 달라 결과
적으로 수령들이 어느 한편의 말을 듣게 되면 다른 한편에게 벌을
받는 상황을 한탄하면서 조선의 행정은 한 길이 아니라 두 길이라고
지적하기 위해서였다. 그러므로 이때 〈독립신문〉이 쓰고 있는 민주
주의는, 여러 가지 공론을 반영하는 입법과 일사불란한 행정을 의미
하는 개념으로 쓰였다고 볼 수 있다.

170 《맹자》, 〈梁惠王篇〉, 65쪽; 《순자》, 〈大略篇〉; 윤천근, 《유학의 철학
적 문제들》(법인문화사, 1996), 84쪽 재인용. 하늘이 백성을 낳았다
고 하는 것은 중국 고대민족 신앙의 핵심이며 이때 천天은 자연, 천
신, 천당의 의미를 가진다. 이러한 신앙은 《시경》과 《맹자》에서도
보인다(김명하, 〈천명과 선거〉, 《전통과 현대》(1997년 가을), 57~
58쪽).

171 《맹자》, 〈萬章篇〉, 383쪽; 《순자》, 〈君道篇〉, 169 , 이렇게 민 개념이
군왕이나 관인을 포함하며 개념적으로 혼란스러운 것은 사회의 혼
란과 관계 있다(윤천근, 《유학의 철학적 문제들》, 85쪽).

172 《중용》, 20장; 《中庸·大學》, 47쪽. 《순자》, 《중용》, 《논어》에서 '민'
은 모두 관리들과 구분되는 말로서 쓰인다. 즉 '민'이라는 개념은 '벼

슬하지 않은 사람'의 의미를 내포한다(윤천근,《유학의 철학적 문제들》, 78~84쪽).

173 공자와 맹자의 시대인 춘추전국시대의 유학 속에서 나타난 '민'의 성격과 내용이 유학사를 관류하면서 크게 달라지지 않고 유전되어 내려갔다고 한다(윤천근,《유학의 철학적 문제들》, 78쪽).

174 윤천근,《유학의 철학적 문제들》, 94~95쪽. 순자는 왕공이나 사대부의 자손이라도 예와 의에 합치되지 않으면 서민에 귀속시키고 비록 서민의 자손이라도 학문을 쌓고 몸가짐을 바로 하여 예와 의에 합치되면 경상, 사대부에 귀속시킨다고 했다(《순자》, 〈王制篇〉, 102쪽). 이같이 학문의 유무에 따라 인간을 나누었다는 것은 기존의 혈연적 기준에서 벗어나 탈신분적 기준으로 인간을 구분했음을 의미한다. 이러한 인간에 대한 새로운 기준의 등장과 사의 출현은 춘추전국시대의 배경과 관련이 있다. 원래 사는 전사집단이었는데 이 당시 무수하게 분권화된 세력 집단들이 등장하면서 관료의 부족을 가져왔고 따라서 사에게는 군사적 능력뿐 아니라 행정적 능력도 요구되었다. 이들은 중간 또는 하급 관리층을 형성하면서 시대적 요구에 부응하는 능력을 갖추고 점차 시대를 주도하게 되었다. 그러면서 여러 층으로 구분되어 있던 사회의 계층 구도는 차차 군, 사, 민의 3분법으로 정리되었다. 이 시대는 능력있는 인재의 필요와 함께 기존의 혈연적 관계보다는 능력을 더 우선시하게 되었고 따라서 인간에 대한 새로운 기준이 출현하게 되었다. 또한 사는 차차 탈군사화되면서 문학적 의미로까지 확장되었다. 유학자에 의해 쓰이는 사 개념은 대부분의 경우 신분적인 것도 군사적인 것도 아니고 '학문하는 자'의 의미를 가진다(윤천근,《유학의 철학적 문제들》, 92~96쪽).

175 윤천근,《유학의 철학적 문제들》, 85쪽.

176 〈독립신문〉 1896년 4월 23일자, 논설, 1896년 6월 26일자, 논설,

1896년 10월 3일자, 잡보, 1897년 1월 26일자, 외방통신, 1896년 9월 12일자, 논설, 1896년 9월 15일자, 논설, 1896년 8월 20일자, 논설.

177 윤천근,《유학의 철학적 문제들》, 80쪽.

178 영어에서 '왕king'의 반대편을 의미하는 'subject'를 신민이라고 번역하는 것도 이와 같은 이유에서라고 볼 수 있다.

179 〈독립신문〉 1896년 4월 9일자, 논설, 1896년 4월 23일자, 논설.

180 〈독립신문〉 1897년 6월 29일자, 전보, 1897년 6월 29일자, 잡보.

181 〈독립신문〉 1896년 7월 2일자, 논설, 1896년 7월 28일자, 논설.

182 "그동안은 우리가 해가 되면서도 신문을 여일히 출판하는 것은 이 신문이 경향에 집집마다 다 사람마다 읽어보고 깨달아 세상에 옳고 나라에 좋은 신민들이 될까 하여 한 일이라"(〈독립신문〉 1896년 10월 27일자, 논설).

183 주나라의 계층 질서는 춘추전국시대에 이르러서도 어느 만큼 기능하고 있었으므로 사회 계층과 관련된 많은 개념들이 그대로 쓰였음을 추정할 수 있다. 그리고 공자와 맹자의 시대인 춘추전국시대의 유학 속에 나타난 민의 성격과 내용이 유학사를 관류하면서 크게 달라지지 않고 유전되어 내려갔다(윤천근,《유학의 철학적 문제들》, 78, 81쪽).

184 윤천근,《유학의 철학적 문제들》, 79쪽.

185 〈독립신문〉 1896년 4월 7일자, 외국통신, 1896년 4월 25일자, 논설, 1896년 7월 16일자, 논설.

186 〈독립신문〉 1896년 4월 7일자, 외국통신, 1896년 7월 7일자, 논설.

187 〈독립신문〉 1896년 4월 7일자, 논설.

188 〈독립신문〉 1896년 4월 7일자, 논설.

189 〈독립신문〉1896년 10월 8일자, 논설 참조. 신용하 교수에 의하면,

독립협회가 말하는 인민은 특권적 양반관료 외의 모든 사회층, 즉 사士, 중인, 양인, 천민 등이 포함된다(신용하,《독립협회연구》, 176쪽).

190 윤천근,《유학의 철학적 문제들》, 80, 86~87쪽.

191 유길준, 〈개화의 등급〉, 397쪽.

192 〈독립신문〉 1898년 12월 17일자, "나라 사랑하는 론".

193 이는 베네딕트 앤더슨Benedict Anderson이 정의한 '상상된 공동체'로서의 'nation'과 같다고 할 수 있다(Benedict Anderson, *Imagined Communities*(London: Vesro, 1983), 5~7쪽).

194 *The Independent*, August 22, 1896, Editorial.

195 Giovanni Sartori, *The Theory of Democracy Revisited*(Chatham: Chatham House Publishers, Inc., 1987), 313~314, 333~334쪽.

196 "… a real desire or the part of the Government to rule in the interests of the people. This word people is a new word in Korea but the readers of this paper know what a might word it is and how irresistable its claims are in the long run. Today may be dark for Korean people but they may rest assured that their cause will inevitably triumph"(*The Independent*, August 22, 1896, Editorial).

197 〈독립신문〉 1898년 12월 17일자, "나라 사랑하는 론".

198 신용하,《독립협회연구》, 176쪽.

199 최덕수에 의하면, 독립협회는 국민을 계몽의 대상으로 파악하고 민중의 정치 담당 능력과 정치기반으로서의 가능성을 부인했으므로, 이들이 주장하는 국민주권론에서 '국민'은 전체 국민 가운데 매우 제한된 사람들을 대상으로 한 것이다(최덕수, 〈독립협회의 정체론 및 외교론 연구〉,《민족문화연구》 13(고려대학교 민족문화연구소, 1978), 212~213쪽).

200 김원모, 〈견미사절 홍영식 복명문답기〉, 229쪽.

201 〈독립신문〉 1896년 10월 6일자, 논설, 1897년 8월 14일자, 논설.

202 〈독립신문〉은 친목회 회보를 대대적으로 소개하고 있다. 〈독립신문〉
    1897년 4월 8일자, 논설 참조.

203 이태진, 〈서양 근대 정치제도 수용의 역사적 성찰〉, 97쪽.

204 이태진, 〈서양 근대 정치제도 수용의 역사적 성찰〉, 99쪽.

205 강만길, 《한국현대사》(창작과 비평사, 1984), 140~141쪽.

206 John Locke, *Two Treatises of Government*, 430쪽.

207 Isaiah Berlin, *Four Essays on Liberty*, 165쪽.

208 John Gray, *Liberalism*, 74쪽.

209 〈독립신문〉 1896년 10월 6일자, 잡보.

210 신용하, 《독립협회연구》, 176쪽.

211 〈독립신문〉 1897년 3월 9일자, 논설.

212 〈독립신문〉 1898년 7월 27일자, "하의원은 급치 않다".

213 Isaiah Berlin, *Four Essays on Liberty*, 129쪽.

214 개화파들은 주로 입헌군주제를 옹호했다.

215 윤천근, 《유학의 철학적 문제들》, 77쪽.

216 〈독립신문〉 1896년 6월 20일자, 논설, 1896년 10월 13일자, 논설,
    1898년 11월 25일자, 잡보.

217 원시시대부터 한국과 중국을 위시한 동양 문화권에서는 군주가 백
    성의 어버이로 존재했다고 한다(김명하, 〈천명과 선거〉, 《전통과 현
    대》, 55쪽).

218 〈독립신문〉 1896년 4월 11일자, 논설, 1896년 4월 16일자, 논설,
    1896년 3월 30일자, 논설.

219 주진오, 〈19세기 후반 개화 개혁론의 구조와 전개〉, 제3장 제2~3절
    참조.

220 Antonio Gramsci, Quintin Hoare and Geoffrey Nowell Smith(ed.), *Selections from the Prison Notebooks*(New York: International Publishers, 1971), 125~126, 129쪽.

221 〈독립신문〉은 당시 복잡한 독립협회의 분파를 반영하듯이 정부에 비판적인 반면 국왕에 대해서는 여전히 기대를 버리지 않았다. 또한 마키아벨리적인 의미의 지도자가 필요하다는 인식도 하고 있었다(〈독립신문〉 1898년 12월 7일자, "정치가론", 1897년 8월 14일자, 잡보).

222 윤천근, 《유학의 철학적 문제들》, 98, 104~105쪽.

223 《맹자》, 〈離婁篇〉, 281쪽; 《대학》, 《대학·중용》, 120쪽.

224 《순자》, 〈議兵篇〉, 213~214쪽; 〈富國篇〉, 139쪽.

225 이것이 의미있게 적용된 것은 조선의 개국이다. 즉 조선왕조는 역성혁명을 정당화할 필요가 있었으므로 "고려의 멸망은 덕이 쇠하여 민심이 떠나고 따라서 천명이 떠난 것(卞季良, 《春亭集》)"으로 파악하고 조선의 건국은 하늘에 순종하고 백성의 뜻에 응하는 것으로 정당화하였다(김명하, 〈천명과 선거〉, 59쪽).

226 《서경》, 김명하, 〈천명과 선거〉, 66쪽에서 재인용; 윤천근, 《유학의 철학적 문제들》, 103쪽.

227 윤천근, 《유학의 철학적 문제들》, 106~107쪽.

228 John Locke, *Two Treatises of Government*, 420, 430쪽. Leo Strauss는 이러한 권리에 대해 이는 정치적 권리가 아닌 자연적 권리로서 입헌 정부가 지속되는 한 허용될 수 없는 권리라고 했다. Leo Strauss and Joseph Cropsey, *History of Political Philosophy*(Chicago: The Univ. of Chicago Press, 1963), 480쪽.

229 《논어》, 〈子張〉, 十九, 308쪽; 《순자》, 〈致士篇〉, 193쪽.

230 〈독립신문〉 1897년 8월 14일자, 논설.

231 〈독립신문〉 1898년 11월 7일자, "반대의 공력".

232 〈독립신문〉 1898년 10월 22일자, 별보.

233 신용하,《독립협회연구》, 82쪽; 이태진, 〈서양 근대 정치제도 수용의 역사적 성찰〉, 88쪽.

234 이태진, 〈서양 근대 정치제도 수용의 역사적 성찰〉, 115쪽.

235 고종실록 권 38, 광무2년 11월 4일조; 이태진, 〈서양 근대 정치제도 수용의 역사적 성찰〉, 117쪽에서 재인용.

236 〈독립신문〉 1898년 10월 22일자, 별보

237 주진오, 〈19세기 후반 개화 개혁론의 구조와 전개〉, 126쪽.

238 이태진, 〈서양 근대 정치제도 수용의 역사적 성찰〉, 117~119쪽.

239 〈독립신문〉 1896년 10월 13일자, 잡보, 1896년 10월 13일자, 잡보, 1896년 12월 31일자, 논설, 1897년 5월 20일자, 외방통신; *The Independent*, April 11, 1896, Editorial.

240 *The Independent*, September 12, 1896, Brief Notice. 같은 내용의 국문은 〈독립신문〉 1896년 9월 12일자, 잡보에 실렸다. 또한 〈독립신문〉은, "폭도들은 복수를 위해 그러는 것이 아니라 약탈자에 불과하다. 그들은 문제를 더 어렵게 만들고 있다"고 했다(*The Independent*, May 23, 1896, Editorial).

241 *The Independent*, April 7, 1896, Local Items, April 11, 1896, Editorial.

242 〈독립신문〉 1896년 10월 15일자, 논설.

243 〈독립신문〉 1896년 12월 26일자, 논설.

244 〈독립신문〉 1896년 6월 9일자, 잡보.

245 〈독립신문〉 1896년 10월 10일자, 논설.

246 〈독립신문〉 1897년 2월 6일자, 논설.

247 〈독립신문〉 1896년 12월 26일자, 논설.

248 〈독립신문〉 1896년 10월 24일자, 논설.

249 〈독립신문〉 1897년 5월 25일자, 논설. 또한 이 논설에서는 외국이 우리를 침략할 위험은 전혀 없으므로 동학과 의병을 막기 위해서만 해륙군이 필요하다고 하고 있다.

250 〈독립신문〉 1898년 4월 14일자, 논설. 주진오는, 홍종우가 제기했던 '일본 군대의 철수'에 대해 매우 민감한 반대 의견을 제시한 것도 하나의 사례가 될 수 있다고 한다(주진오, 〈독립협회의 개화론과 민족주의〉, 33쪽). 강창일은 다음과 같이 쓰고 있다. "개화론자들의 우민관은 익히 잘 알려진 바이다. 나아가 그들 중에는 갑오농민전쟁에서 여실히 알 수 있듯이 반민중적 입장에서 외세에 의존하여 농민군을 진압하는 자도 있었다"(강창일, 〈초기 개화파의 근대화 구상〉, 384쪽). 김현철에 의하면, 박영효는 〈요미우리 신문〉과의 인터뷰에서, 현재 조선에는 훈련된 병사들이 없기 때문에 동학 농민군이 봉기하면 조선 정부로서는 불가피하게 외국에 군사적 개입을 요청하지 않을 수 없다고 했다(〈요미우리 신문〉 1894년 7월 9일자; 김현철, 〈박영효의 보민과 민권신장 구상〉, 255쪽에서 재인용).

251 〈독립신문〉 1896년 11월 17일자, 논설.

252 〈독립신문〉 1897년 4월 17일자, 논설.

253 〈독립신문〉 1897년 8월 12일자, 논설.

254 〈독립신문〉 1896년 4월 11일자, 논설.

255 강창일, 〈초기 개화파의 근대화 구상〉, 394쪽.

256 강창일, 〈초기 개화파의 근대화 구상〉, 403~404쪽.

257 《윤치호일기》 5(1898년 5월 1일), 154쪽.

258 *The Independent*, June 16, 1896, Editorial.

259 〈독립신문〉 1898년 7월 9일자, "민권이 무엇인지".

260 〈독립신문〉 1898년 7월 9일자, "민권이 무엇인지".

261 공보실, 〈리대통령각하의 민주주의적 정치이념〉, 41, 45~46, 52쪽.

262 박정희, 〈후진민주주의와 한국혁명의 성격과 과제〉,《우리민족의 나갈 길: 사회재건의 이념》(동아출판사, 1962), 230, 232~233쪽.

263 공보실, 〈리대통령각하의 민주주의적 정치이념〉, 44~45쪽.

264 박정희, 〈후진민주주의와 한국혁명의 성격과 과제〉, 233쪽.

265 오히려 개인의 자유, 사적 자유도 공동체적인 이념에 의해 더욱 적극적으로 보호되는 측면이 있다. 이혼과 결혼의 자유는 사회주의에 의해 적극 추진되었으며 연애, 동성애에 대해서는 좌파가 더 관대하다. 중국의 호주제도는 중국 사회주의 정권에 의해 폐지되었으나 자유민주주의 체제인 우리 사회에는 여전히 그것이 남아 있다. 자유주의 국가인 미국은 오히려 가족의 전통을 더 강조하는 측면이 있으며 선진국 중에서 거의 유일하게 사형제도를 유지하고 있다. 이 같은 사실을 볼 때 개인의 자유는 오히려 강한 공동체적 규범이 공존해야 가능하다는 것을 알 수 있다.

노르베르토 보비오, 《자유주의와 민주주의》(문학과지성사, 1992)

우리는 자유민주주의라는 말을 매우 익숙하게 사용하고 있으나 사상적으로 또한 역사적으로 볼 때 자유주의와 민주주의는 본질적으로 조화로운 관계를 갖고 있지 않다. 그러한 주장은 대체로 서구 마르크시스트들에 의해 전개되고 있으나, 자유주의 또는 신자유주의를 '분명하게', 즉 애매하지 않게 지지하는 사람들도 마찬가지로 주장하고 있다. 이렇게 볼 때 자유주의와 민주주의의 불화에 대해서는, 자유주의에 대해 찬성하든 반대하든 분명한 입장을 취하는 사람들에 의해 주장된다는 것을 알 수 있다. 보비오 역시 그런 관점을 취한다. 그러나 그는 자유주의를 민주주의의 완성을 위해 꼭 필요한 것으로 보고 있다. 즉 자유주의에 대해 비판적이지만 그것의 필요성을 강조하는 입장을 보고자 할 때 이 책은 많은 도움이 될 것이다.

박충석, 《한국정치사상사》(삼영사, 1982)

이 책은 주자학, 실학, 개화기의 사상으로 이어지는 사상적 흐름에서 무엇이 붕괴되고 무엇이 변화되었는가를 사상사적으로 고찰하고 체계화했다. 주된 주제는 근세 실학사상이 역사적으로 어떻게 변용되어갔으며 그와 관련하여 개화파의 사상이 어떻게 전개되어갔는가를 규명하는 것으로, 특히 주자학 사상으로부터 근세 실학사상, 근세 실학사상으로부터 개화사상이 각각 어떻게 후자가 전자를 '사상 내재적'으로 극복해갔는가에 초점을 두고 있다.

또한 이 책에서 중요한 부분은 〈보론〉에 있는 정치사상사 연구 방법론과 관련된 논문들이라 할 수 있다. 그 논문들은 정치사상사 연구방법론 중의 중요한 한 방법인 '사상사적 방법'에 대해 자세히 설명하고 있으며 그 방법과 관련하여 한국 정치사상사 연구가 갖고 있는 한계에 대해 지적하고 있다.

신용하, 《독립협회연구》(일조각, 1976)

저자는 우리 민족의 역사와 역사학에 대한 남다른 애정과 실천적 입장에서 연구하고 있다. 저자는 이 책에서 독립협회를 비롯하여 개화파에 대한 기대와 아쉬움을 표현하고 있는데 이 역시 우리 민족이 이를 통해 자생적 근대화를 이룰 수 있었던 것에 대한 아쉬움이라고 할 수 있다. 이 책은 독립협회와 〈독립신문〉에 관한 거의 모든 주제를 다루고 있다. 그 동안, 정치학을 비롯한 다른 사회과학 분야에서는 말할 것도 없고 한국 역사 분야에서도 〈독립신문〉과 독립협회는 상대적으로 등한시되어왔다고 할 수 있으나, 저자에 의하면 이 주제는 한국 근대사에서 매우 중요한 비중을 차지한다. 즉 이들의 운동은 소수파에 의한 운동이라는 차원을 넘어서 대중적, 시민적 차원으로 발전되었으며 민주주의와 자주독립을 주장함으로써 민중의 계몽 및 한국사회의 발전을 가져왔다는 것이다. 또한 저자는 〈독립신문〉과 독립협회에 대해 사회사상의 각 개념들과 이론을 자세히 분석·소개하면서 독립협회가 한국의 근대 시민사회를 수립하려는 새로운 사회사상을 체계적으로 정립했음을 강조한다.

윤천근, 《유학의 철학적 문제들》(법인문화사, 1996)

저자는 철학의 순결성에 대한 과도한 확신을 비판하면서 전통 철학에 대한 과도한 신앙과 절대적 확신에 대해서도 비판하고 있다. 그것은 우리 시대와 현실을 보지 못하게 강제한다는 것이다. 전통철학의 중요한 부분인 유학 역시 그러한 비판에서 벗어날 수 없다. 저자는 유학을 아는 것은 우리 시대의 유학을 설명하는 일에서부터 시작해야 한다고 하면서 오늘의 감각으로 유학을 설명하려고 노력했다고 말한다. 따라서 이 책은 유학에 대해 다른 시각을 가질 수 있게 하는 책이다. 유학을 오늘의 현실에서 바라볼 수 있도록 설명했으며, 특히 당시의 역사에 대한 설명이 더욱 흥미를 이끌어낸다. 민 개념, 애민사상과 민본주의에 대한 비판적 관점이 돋보인다.

정진석, 《독립신문·서재필 문헌해제》(나남, 1996)

독립신문과 서재필에 대한 연구를 시작하고자 할 때 필요한 입문서라고 할 수 있다. 저자는 〈독립신문〉 연구의 중요성과 더불어 그동안의 연구 경향에 대해 객관적으로 소개하고 있다. 또한 〈독립신문〉과 서재필에 대한 각종 자료, 연구 논문, 저서가 거의 빠짐없이 소개되어 있으며 각각의 자료에 대한 자세한 목차와 요약, 설명이 수록되어 있다.

주진오, <19세기 후반 개화개혁론의 구조와 전개>(연세대학교 박사학위 논문, 1995); <독립협회의 개화론과 민족주의>, 《현상과 인식》 68 (1996, 봄)

저자는 독립협회가 친일적, 반민중적, 반민족적이기도 했음을 자료를 들어 증명함으로써 기존의 독립협회와 〈독립신문〉에 대한 신화를 깨는 데 일조한다. 특히 '평가'의 문제보다 '사실'의 문제를 중시하여, 독립협회가 민주주의적, 민족주의적이라는 기존의 시각을 교정하고자 많은 자료를 인용하면서 새로운 사실들을 발견해냈다. 따라서 이들에 대한 일방적 미화로 인해 가려져 있었던 이데올로기적 동기와 권력관계를 발견해내는 등, 역사 연구의 형평성 측면에서 기여한 바가 크다.

최장집, 《한국민주주의의 이론》(한길사, 1993)

이 책은 한국 정치가 권위주의에서 민주주의로 이행하는 급격한 과정 속에서 변화의 국면들을 분석하고 그러한 국면적 변화들을 관류하는 장기적인 구조적인 요인들을 찾아봄으로써 민주적 이행에 대한 학문적·현실적 대안들을 생각해본 결과들의 소산이다. 이 책은 한국 민주주의뿐 아니라 민주주의 이론 일반, 민주주의의 역사, 그리고 현재 우리가 민주주의를 위해 어떠한 것들을 실천할 수 있는가에 대해 진지하게 고찰하고 있다.

한국정치사상학회, 《정치사상연구》 2집(2000, 봄)

한국정치사상학회는 동서양 정치사상의 만남에 많은 관심을 기울였고 《정치사상연구》 2집은 바로 그러한 관심의 결과라 할 수 있다. 특집은 "자유주의의 탄생과 동양의 수용"으로, 한국, 일본, 중국에서의 자유주의 수용과 서양에서의 자유주의 탄생에 대한 좋은 논문을 많이 수록했다. 특히 김현철의 〈박영효의 보민과 민권신장 구상〉은 '자유', '권리' 개념을 포함하여 서양의 개념을 우리가 어떻게 수용하고 이해했는가를 알 수 있게 해준다.

자유주의 논쟁과 관련된 기사와 인터넷 사이트

- 진중권 "복거일의 '소수를 위한 변명'", "자유주의에도 등급이 있다", 《한겨레 21》(1999년 4월 15일)
- "특집: 자유주의 논쟁", 《한겨레 21》(2000년 3월 23일)
- www.gong.co.kr —— 공병호 개인 프로필과 저서, 자유주의적 관점에서

바라보는 경제문제 진단과 전망, 경제 칼럼 등이 게시되어 있다.

요즘 우리 사회에서 자유주의와 관련하여 논쟁을 벌인 논객들은 작가 복거일, 고종석, 자유기업원 원장 공병호, 시사평론가 유시민, 진중권 등이다. 이들 중 '확실한' 자유주의자는 복거일, 공병호이며 이를 비판하면서 '진정한' 자유주의를 주장하는 유시민 등은 '불확실한' 자유주의자이다. 진중권은 복거일과 공병호의 자유주의에 대해서는 비판하지만 고종석에 대해서는 진정한 자유주의자라고 부름으로써 그 역시 애매한 자유주의 지지자 또는 비판자라고 할 수 있다. 앞서도 언급했지만 자유주의를 확실하게 지지하거나 확실하게 비판하는 입장은 기본적으로 자유주의를 바라보는 시각이 같다. 차이는, 자유주의 지지자들은 그것이 '현실'이자 또한 바람직하다고 말하는 것이고, 자유주의의 비판자들은 그것이 현재 우리의 현실이지만 잘못된 현실이므로 고쳐야 한다고 말하는 것이다.

공병호는 "대중민주주의 아래서 그 폭력의 뿌리는 유권자들인 대중이다"라고 했으며 정치적 자유보다 우선하는 것은 경제적 안정이므로 박정희를 비판할 수 없다고 했다. 이에 대해 유시민은 자유주의자는 그렇게 파시즘을 옹호해서는 안 된다고 했지만 공병호의 입장이야말로 정확한 자유주의라고 할 수 있다. 복거일은 "민주주의의 위험을 줄이는 것은 자유주의의 몫일 수밖에 없다"는 동시에, 자유주의와 민주주의의 결합이 필연적인 것은 아니라고 하므로써 우리가 이제까지 살펴본 자유주의의 이념과 정확히 일치하는 견해를 보이고 있다.

한국 자유주의의 기원

초판 1쇄 발행 2001년 12월 5일
개정 1판 1쇄 발행 2020년 12월 28일
개정 1판 2쇄 발행 2021년 2월 8일

지은이 이나미

펴낸이 김현태
펴낸곳 책세상
등록 1975. 5. 21. 제1-517호
주소 서울시 마포구 잔다리로 62-1, 3층(04031)
전화 02-704-1250(영업) 02-3273-1334(편집)
팩스 02-719-1258
이메일 editor@chaeksesang.com
광고·제휴 문의 creator@chaeksesang.com
홈페이지 chaeksesang.com
페이스북 /chaeksesang 트위터 @chaeksesang
인스타그램 @chaeksesang 네이버포스트 bkworldpub

ISBN 979-11-5931-572-5 04080
        979-11-5931-400-1 (세트)

이 도서의 국립중앙도서관 출판예정도서목록(CIP)은 서지정보유통지원시스템 홈페이지
(http://seoji.nl.go.kr)와 국가자료종합목록 구축시스템(http://kolis-net.nl.go.kr)에서
이용하실 수 있습니다.(CIP제어번호: CIP2020052247)